新ガイダンス 税法講義 〔四訂版〕

[著] 林 仲宣・竹内 進・四方田彰・角田敬子・髙木良昌

見開きの図解でテンポよく
税法の全体像をつかむ

税務経理協会

四訂版はしがき

　本書は，新たに髙木良昌税理士を執筆者に加え，平成27年2月の三訂版をもとに平成31年度税制改正を踏まえて改訂しました。消費税法については，本年10月から改正が実施される前提で解説しています。また相続税法においては，民法改正が及ぼす影響が明確になっていないことから，現行の範囲内で記述しています。

　今回の改訂も従前と同様に最新データ等を財務省，国税庁及び総務省の各ホームページから引用いたしました。関係各位に謝意を表する次第です。

　㈱税務経理協会のご厚意で，今回も改訂の運びになりました。感謝に堪えません。新学期を控えた時間的制約のなか，編集担当の大川晋一郎氏のご尽力にも重ねて御礼申し上げます。

平成31年（2019年）2月

執筆者5名を代表して

林　仲宣

はしがき

　本書は，大学における税法のテキストです。そのため本書の内容は，執筆者の担当科目及び授業計画に合わせて，必要と思われる税法の総論及び各論（個別税法）に関する基本的知識の修得を考慮したものになっています。

　同時に本書で解説している税法の基礎知識は，税務における常識でもあり，実務に従事する立場からみると日常的な業務において常に登場する話題でもあります。したがって本書は税法の入門書として，税法を広く啓蒙することができると自負しております。

　本書では，多くの条項に規定される税法の基本事項を集約して解説したため，各税法の関係条文等を掲示することは紙数の制限もあり省略しました。しかし解説の上で重要と思える税務の取扱いについては，関係する国税庁長官の基本通達を，所基通（所得税基本通達），法基通（法人税基本通達），相基通（相続税法基本通達）など通例とされる略称に基づき掲示しています。

　本書の執筆にあたり，現在，財務省，総務省，国税庁及び各地方自治体など多くの官公庁のホームページにおいて，税及び税法に関する膨大な情報が提供されていることに今さらながら驚きました。本書の執筆でも，多くの関係機関のホームページを参考にできたことを，敬意を込めて謝意を表します。

　本書の出版については，㈱税務経理協会の吉冨智子氏に企画の段階からお世話になりました。的確な指摘と助言を頂きながらも，執筆者の怠慢により予定が遅延し，ご迷惑をお掛けしたことを心からお詫びしたいと存じます。

2009年9月

執筆者を代表して

林　仲宣

目　次

四訂版はしがき

はしがき

第1章　税法総論

- **1-1** 税の機能　*2*
- **1-2** 税の種類　*4*
- **1-3** 税法の法源　*6*
- **1-4** 租税法律主義　*8*
- **1-5** 租税公平主義　*10*
- **1-6** 自主課税主義　*12*
- **1-7** 申告納税制度　*14*
- **1-8** 賦課課税制度　*16*
- **1-9** 税法の解釈・適用　*18*
- **1-10** 税務調査　*20*
- **1-11** 納税者の救済　*22*
- **1-12** 脱税と租税回避　*24*
- **1-13** 附帯税　*26*

第2章　所得税法

- **2-1** 所得の種類　*30*
- **2-2** 納税義務者　*32*
- **2-3** 利子・配当所得　*34*
- **2-4** 不動産所得　*36*
- **2-5** 事業所得　*38*
- **2-6** 必要経費と家事関連費　*40*

2-7	給与所得	*42*
2-8	給与所得者の特定支出控除	*44*
2-9	退職所得	*46*
2-10	譲渡所得	*48*
2-11	一時所得・雑所得	*50*
2-12	源泉徴収	*52*
2-13	青色申告（所得税）	*54*
2-14	所得計算	*56*
2-15	所得控除	*58*
2-16	医療費控除	*60*
2-17	寡婦・寡夫控除	*62*
2-18	住宅ローン控除	*64*

第3章　法人税法

3-1	法人税の納税義務者	*68*
3-2	法人税額の計算	*70*
3-3	益金と損金	*72*
3-4	収益の計上	*74*
3-5	同族会社	*76*
3-6	棚卸資産	*78*
3-7	減価償却	*80*
3-8	資本的支出	*82*
3-9	役員給与	*84*
3-10	交際費等	*86*
3-11	寄附金	*88*
3-12	貸倒損失	*90*
3-13	貸倒引当金	*92*
3-14	使途秘匿金課税	*94*

- 3-15　リース取引　*96*
- 3-16　欠損金　*98*
- 3-17　租税公課　*100*
- 3-18　繰延資産　*102*
- 3-19　確定申告（法人税）　*104*
- 3-20　青色申告（法人税）　*106*

第4章　消費税法

- 4-1　消費税のしくみ　*110*
- 4-2　納税義務者　*112*
- 4-3　課税方法　*114*
- 4-4　非課税取引　*116*
- 4-5　軽減税率制度　*118*
- 4-6　仕入税額控除　*120*
- 4-7　簡易課税　*122*
- 4-8　消費税の経理　*124*
- 4-9　消費税の申告　*126*
- 4-10　消費税の手続き　*128*

第5章　相続税法

- 5-1　相続税のしくみ　*132*
- 5-2　相続税の計算　*134*
- 5-3　課税財産　*136*
- 5-4　財産評価　*138*
- 5-5　自社株評価　*140*
- 5-6　路線価評価　*142*
- 5-7　基礎控除等　*144*
- 5-8　配偶者の税額軽減　*146*

5-9　債務控除　*148*
5-10　小規模宅地の特例　*150*
5-11　納税・延納・物納　*152*
5-12　贈与税の計算　*154*
5-13　相続時精算課税制度　*156*

第6章　地方税法

6-1　ふるさと納税　*160*
6-2　（個人）住民税　*162*
6-3　法人住民税・法人事業税　*164*
6-4　（個人）事業税　*166*
6-5　固定資産税　*168*
6-6　都市計画税　*170*
6-7　不動産取得税　*172*
6-8　自動車関係税　*174*
6-9　ゴルフ場利用税　*176*
6-10　国民健康保険税　*178*
6-11　法定外税　*180*
6-12　入湯税　*183*

第7章　流通課税・税務手続

7-1　印紙税　*186*
7-2　登録免許税　*188*
7-3　租税条約　*190*
7-4　移転価格税制　*192*
7-5　税務行政組織　*194*
7-6　地方税務行政組織　*196*
7-7　電子申告・納税　*198*

第8章　参考資料

- **8-1**　源泉徴収税額表（抄）　*202*
- **8-2**　所得税の計算のしくみと速算表　*208*
- **8-3**　所得税及び復興特別所得税の確定申告書（第一表）　*209*
- **8-4**　年末調整の流れ　*210*
- **8-5**　給与所得の源泉徴収票　*211*
- **8-6**　法人税の確定申告書　別表1(1)〈法人税額の計算〉　*212*
- **8-7**　法人税の確定申告書　別表4〈所得の計算〉　*213*
- **8-8**　消費税の課税対象　*214*
- **8-9**　消費税の軽減税率　*215*
- **8-10**　酒税法における酒類の分類及び定義　*216*
- **8-11**　一般会計歳入・歳出決算の概要　*218*

執筆者紹介

第1章
税法総論

SECTION
1-1 税の機能

税の機能としては，3つのものがあります。
① 公共サービス提供資金の調達
② 所得再分配
③ 景気調整

1 なぜ税金を納めなければならないのか

日本国憲法第30条には「国民は，法律の定めるところにより，納税の義務を負ふ」と定められているため，国民には「納税の義務」があります。

2 税の機能

■1 公共サービス提供資金の調達

社会福祉，社会保障，外交，裁判，公共事業，教育など民間では提供することができない公共サービスを行うためには多額な資金が必要です。税にはこの資金を調達する機能があります。

■2 所得再分配

資本主義社会では，所得格差や資産格差などの経済的不平等が生じます。日本国憲法第25条は，福祉国家の理念の下に生存権を保障しているため，各種の社会保障サービスを提供する必要があります。

そこで，所得の多い人から，税金を徴収して，国民に対してさまざまな社会保障サービスを提供することにより，所得や資産の格差を縮め，富を再分配して，経済的格差を少なくしていくための役割を果たしています。

また，所得再分配を図る働きとして累進課税制度があります。累進課税制度とは，支払能力に応じて税を負担するしくみで，課税される金額が大きくなるに従って税率が段階的に高くなっていく累進税率を用いて課税する制度です。

3 景気調整

国民が安定した生活を送るためには，インフレや不況などの景気変動はできるだけ避けなければなりません。

そこで，好況期のときは，景気の過熱を抑制するため，増税をして消費や投資を抑えるようにします。逆に，不況期のときは，景気を刺激するため，減税をして消費や投資が活発になるようにします。

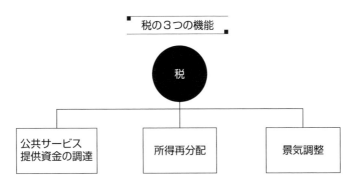

3 税と納税者

1 応能負担の原則

税は，税を負担する者の経済力（担税力）に応じて課税すべきとする考え方です。経済力の指標は，所得税や法人税のように所得に基づいて測定されることになります。

2 応益負担の原則

税は，国や地方自治体から受ける行政サービス等により利益を享受する者が，その利益に応じて税を負担すべきとする考え方です。市町村からの行政サービスは，その地域に居住する住民が利益を受けることが明らかなことから，市町村民税（住民税）は，応益負担の原則が適用されているといわれています。

SECTION
1-2 税の種類

税は，さまざまな観点から分類することができます。
① 課税権者……国税・地方税
② 課税対象……所得・資産・消費・流通
③ 納税義務者……直接税・間接税

　私たちは，買い物をすれば消費税を支払い，働いて給与をもらえば所得税や住民税が差し引かれ，気づくとさまざまな税に囲まれた生活を送っています。
　現在，日本には50以上の税がありますが，さまざまな観点から税を分類することができます。

1 課税権者

　税は，誰が課税するのかによって，国税と地方税に分類することができます。国が賦課・徴収する税を国税，都道府県や市町村が賦課・徴収する税を地方税といいます。
　国税には，約20の税目がありますが，税収の大きい税目として，所得税，法人税や消費税があります。
　地方税は，さらに道府県税と市町村税に分かれ，原則として地方税法の定めによっています。主な税目は，一般的に住民税といわれている道府県民税や市町村民税，事業税，自動車税や固定資産税があります。

2 課税対象

　税は，何に対して課税するのかによって，所得（課税），資産（課税），消費（課税），流通（課税）に対して課税されるものとして分類することができます。
　所得課税は個人や法人の所得に対して課税されるもの，資産課税は資産の取得や保有などに対して課税されるもの，消費課税は財やサービスの消費に対して課税されるもの，流通課税は財産の移転に対して課税されるものです。

3 直接税と間接税

最終的に税を負担する者を担税者といいますが，納税義務者と担税者が一致する場合と一致しない場合があります。

原則として，納税義務者と担税者が一致する税を直接税といい，所得税，法人税，相続税，贈与税，住民税，事業税などが該当します。それに対して，一致しないものを間接税といい，消費税，酒税，たばこ税などが該当します。例えば，消費税の場合，担税者は消費者ですが，納税義務者は各事業者となっています。

主な税の分類

課税対象	納税義務者	課税権者		
		国 税	地方税	
			道府県税	市町村税
所得課税	直接税	所得税 法人税	道府県民税（個人・法人） 事業税（個人・法人）	市町村民税 （個人・法人）
	間接税	―		
資産課税	直接税	相続税 贈与税	不動産取得税 自動車税 自動車取得税	固定資産税 都市計画税 事業所税 （特別土地保有税） 軽自動車税
	間接税	―		
消費課税	直接税	―		
	間接税	消費税 たばこ税 酒税 自動車重量税 揮発油税 石油税 関税 とん税	地方消費税 道府県たばこ税 ゴルフ場利用税 入湯税	市町村たばこ税
流通課税	直接税	印紙税 登録免許税	―	
	間接税	―		

SECTION 1-3 税法の法源

法源とは,国民に対して法的拘束力をもつ法の存在形式のことです。
租税に関係する法源として,憲法・法律・命令・告示・条例・規則及び条約などがあります。

1 法源の種類

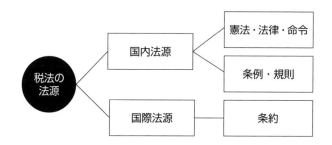

① 憲法　日本国憲法第30条(納税の義務)・第84条(租税法律主義)・第14条(法の下の平等)を規定しています。
② 法律　国会の制定する法律が税法の法源の中心となります。租税の課税要件・徴収手続きは法律の根拠に基づいて行われます(租税法律主義)。

法律の例

法律	国税	総論	国税通則法,国税徴収法,国税犯則取締法
		各論	所得税法,法人税法,相続税法,消費税法
	地方税		地方税法

③ 命令
　政令(施行令)　：内閣が制定する法です。
　省令(施行規則)：各省大臣が制定する法です。

法律，政令，省令の例

種類	制定者	法令名
法律	国会	所得税法
政令	内閣	所得税法施行令
省令	財務大臣	所得税法施行規則

④ 告示　各大臣，各庁の長官などが，その所掌事務に関する指定，決定などについて一般に知らせる形式です。

⑤ 条例　地方公共団体の議会が制定する規範です。地方税の賦課徴収は，各地方公共団体の制定する条例に基づいて実施されます。

⑥ 規則　地方公共団体の長が条例実施のために必要な定めをする規範です。

⑦ 条約　国際法規としての租税条約があります。国内法的効力を有し，税法の法源となります（憲法98②）。

⑧ 判例　判決が繰り返された場合，成文法の空白を補うものとして，判例法が税法の法源となることがあります。

2 税務通達

① 通達　上級行政庁が所轄の下級行政庁に対して，法律の解釈・裁量判断の具体的な判断基準を示すことによって，行政作用の統一化を図るために発する命令をいいます（国家行政組織法14②）。

　　　通達は，税法の法源ではないため，国民や裁判所に対して拘束力はありませんが，実務においては，もっとも参考にされています。

SECTION 1-4 租税法律主義

租税法律主義とは，国や地方自治体が租税を課したり，徴収するためには，必ず法律の根拠が必要であり，国民は，法律の根拠に基づくことがなければ，納税の義務を負わないという憲法原則です。

1 租税法律主義の意義

近代以前のヨーロッパ社会では，封建領主や絶対君主による恣意的な課税が行われていました。しかし，市民階級の抵抗に始まる議会制度の確立を経て，課税するためには，「国民の同意（議会の同意）」が必要となりました。

日本国憲法は，第30条で「納税の義務」を規定し，第84条で「租税法律主義」について規定しています。その機能が，国民の経済生活に予測可能性と法的安定性をもたらしてくれます。

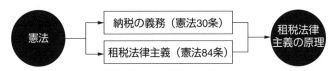

法律以外の規定による課税としては，条約によって租税に関する法律を修正する場合と，地方自治体の議会が制定する条例に基づいて地方税の賦課・徴収を行う場合があります。

2 租税法律主義の内容

① 課税要件法定主義

課税要件と租税の賦課・徴収の手続きは法律によって規定されなければならないということです。

② 課税要件明確主義

課税要件を規定する場合は，一義的であり明確でなければならないということです。

3 合法性の原則

　課税庁は，法律で定められたとおりの税額を徴収しなければなりません。したがって，租税の減免の自由や租税を徴収しない自由は与えられていないということです。

4 手続的保障原則

　租税の賦課・徴収は，適正な手続きで行われなければならないことから，これらに対して行われる争訟は，公正な手続きで解決しなければならないということです。

5 遡及立法の禁止

　新たに法律により規定された課税要件がその法律の施行日より前に行われた課税要件事実に適用することを禁止することです。この場合，遡及立法が納税者にとって利益となる場合は問題が生じませんが，納税者にとって不利益となるものについては，納税者の予測可能性や法的安定性を侵害する蓋然性が高いことから許されないと解されます。

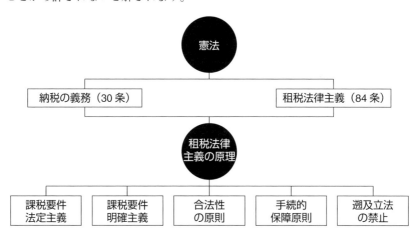

《参考》日本国憲法

　第30条　国民は，法律の定めるところにより，納税の義務を負ふ。
　第84条　あらたに租税を課し，又は現行の租税を変更するには，法律又は法律の定める条件によることを必要とする。

SECTION
1-5 租税公平主義

租税の負担は，納税者の担税力に応じて公平でなければなりません。したがって，租税法規は，納税者に対して平等に適用されなければならないという考え方です。

1 憲法上の根拠

　日本国憲法は，第14条で「平等原則」を規定していますが，この平等原則は，税法の領域では，租税公平（平等）主義として理解されています。
　a．租税公平主義は，租税の内容について指針を与える原則です。
　b．税金の負担は，国民一人一人の経済的な負担能力（担税力）に応じて配分されることが公平といえます。

2 平等原則の意味

　平等原則には，水平的平等と垂直的平等の2つの側面があります。
　a．水平的平等　担税力が等しい場合には，等しく課税を行う考え方です。
　b．垂直的平等　高所得者と低所得者との比較において，税負担に差を設けて行う考え方です。日本の所得税などでは，累進税率が用いられています。

3 解釈適用上の取扱い

　租税公平主義の理念は，立法上はもちろん，法の解釈・適用を行う場合における執行においても公平・平等な取扱いが求められることになります。
　a．立法上
　租税公平主義の原則は，不合理な差別を禁止する趣旨であることから，合理的な差別を禁止するものではないと解されています。
　b．執行上
　租税公平主義の原則は，租税法の執行においても守らなければならないと解

されています。すなわち，課税要件事実の認定・徴収手続きにおいて，同様の情況にある特定の納税者を利益又は不利益に扱ってはならないということです。

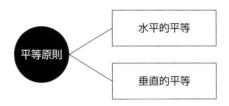

《参考》日本国憲法

> 第14条　すべて国民は，法の下に平等であつて，人種，信条，性別，社会的身分又は門地により，政治的，経済的又は社会関係において，差別されない。

SECTION
1-6 自主課税主義

自主課税主義とは,税法の基本原則のひとつであり,地方自治体が憲法に基づき自主的な課税権を保持すべきであるという理念であり,地方分権の推進に必要な財源確保が目標となります。

日本国憲法は,第92条で地方自治の本旨を,第94条で条例制定権を規定していますが,現行地方税制は,地方税法に立脚して課税されており,地方自治体の課税権は限定されたものになっています。

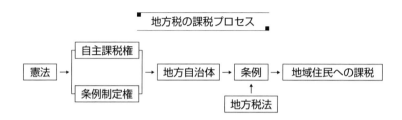

地方自治体の課税権は,地方税法の定める枠内に留められ,同時に各地方自治体の判断による独自の課税も一定の範囲内で認められるという変則的な状況におかれています。

しかし地域住民の負担と責任に基づき地方自治への参加意識を高めることが地方自治の本旨と考えるならば,課税権に対する制限の範囲は最小限のものでなければなりません。

地方税法は,地方自治体の課税権を定め,道府県及び市町村の税目,地方税の賦課・徴収の手続等を定めた法律です。地方税に関する地方自治体の条例は,この法律の枠内において定められます。地方税法は,地方自治体が条例を制定する際の一定の基準・制限枠を定める法律であり「基準法」「枠法」として位置付けられます。

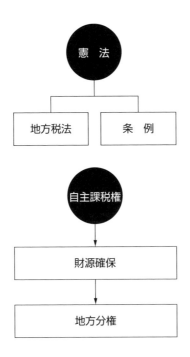

《参考》日本国憲法

> 第92条　地方公共団体の組織及び運営に関する事項は，地方自治の本旨に基いて，法律でこれを定める。
> 第94条　地方公共団体は，その財産を管理し，事務を処理し，及び行政を執行する権能を有し，法律の範囲内で条例を制定することができる。

SECTION
1-7 申告納税制度

申告納税制度は，納税者が自ら申告することによって，納付すべき税額が確定することを原則とする制度です。

1 わが国の租税制度

　税を納めるには，まず税額を確定させなければなりませんが，わが国は，申告納税制度を採用しており，納税者が自ら申告することによって，納付すべき税額が確定することを原則としています。

　この申告納税制度の定着を図るため，シャウプ勧告に基づいて導入された青色申告制度があります。税務署長の承認を受けて，青色の申告書を用いて行う申告を青色申告といい，法人税並びに不動産所得・事業所得又は山林所得を生ずる業務を行う個人所得税について認められています。青色申告は，帳簿書類を基礎とした正確な申告を奨励する目的で，一定の帳簿書類を備え付けることなどを条件とし，各種の特典が与えられています。

2 税額の確定方法

　税額の確定方法には，申告納税方式と賦課課税方式があり，税目（税の種類）によって異なります。

　わが国の租税制度上，所得税，法人税，相続税，消費税などの国税については，申告納税方式によっています。地方税では，法人事業税，法人住民税などの限られた税目で用いられています。

　申告納税方式では，納税者が自ら申告をすることによって税額を確定することを原則としているため，納税者が自ら申告をしない場合あるいはその申告内容が課税庁との見解の相違により異なる場合には，課税庁は決定又は更正処分によって税額を確定できます。

更正処分は，課税庁が申告書を調査しその結果と異なる場合に確定した納付すべき税額を変更します。決定処分は，課税庁が申告しない者に対して納付すべき税額を決定します。

　賦課課税方式は，納付すべき税額を課税庁が確定します。国税では，法令により申告納税方式によるとした以外の税目は賦課課税方式によることになっていますが，地方税では，原則的な方法として用いられています。

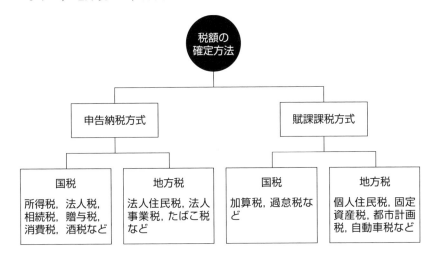

3　申告内容の是正

　当初に提出した確定申告書の内容に誤りがあり是正したい場合には，結果として納税額が増加する場合と減少する場合とに応じて手続きが異なります。

1 修正申告

　当初に提出した納税申告書に誤りがあり，課税標準や納税額が増加する場合に行う手続きです。

2 更正の請求

　当初に提出した納税申告書に誤りがあり，課税標準や納税額が減少する場合に行う手続です。ただし，是正すべき内容・理由に応じて提出期限の制限があります。

SECTION 1-8 賦課課税制度

賦課課税方式とは，課税庁の賦課決定によって，納付すべき税額を確定する方式をいいます。

賦課課税方式は，国税については，例外的な方法として用いられていますが，地方税については，原則的な方法として用いられています。

1 賦課課税方式とは

賦課課税方式とは，課税庁の賦課決定によって，納付すべき税額を確定する方式をいいます。税額を確定する方法として，そのほかに申告納税方式があります。

わが国では，国税については，申告納税方式が原則的な方法として用いられていますが，地方税については，賦課課税方式が原則的な方法として用いられています。なお，地方税法では，賦課課税のことを普通徴収と呼んでいます。

賦課課税方式は，伝統的にヨーロッパ諸国で用いられてきた方式で，わが国でも，戦前までは一般的に採用されていましたが，戦後は伝統的にアメリカで用いられてきた申告納税方式が採用されるようになりました。

2 賦課課税方式による税目

賦課課税方式による国税では，特殊な場合の消費税や関税，各種の加算税及び過怠税などのいくつかの税目しか適用されておらず，実務上申告納税方式を適用することが困難な税目が採用されています。

これに対して，地方税では，納税者の利便性から，個人住民税や個人事業税，固定資産税や不動産取得税など多くの地方税が賦課課税方式を採用しています。

3 賦課課税の手続き

賦課課税方式による国税の各種の加算税及び過怠税を総称したものを附帯税

といいますが，附帯税のうち延滞税及び利子税については，法令の定めに従い自動的に確定します。これに対して，各種の加算税及び過怠税は，納付すべき税額を確定する賦課決定により確定します。

普通徴収の地方税については，地方自治体は，賦課決定を行ったときは，納税通知書を納税者に交付することとされており，これによってその納税義務は確定します。

4 税の納付方法

現金納付	納付書に現金を添えて，税務当局，金融機関，コンビニエンス・ストアなどの窓口で納付します。
振替納税	事前の手続きにより指定した預金口座から期日に自動振替されます。
電子納税	事前の手続きによりインターネット・バンキングやATMなどを利用して納税します。
クレジットカード納付	「国税クレジットカードお支払サイト」を運営する納付受託者（民間業者）に納付を委託します。

※ 国税のコンビニ納付は，30万円が上限となっています。

❶ 延納・物納

相続税・贈与税には，期限までに納付できない場合のための延納制度があります。

相続税には，延納によっても金銭納付ができない場合には，一定の要件を満たせば物納制度を利用できます。

❷ 時　　効

租税債権は，消滅時効により消滅し，原則として5年の時効で消滅します。ただし不正行為等により税を免れた場合には，消滅時効の期間は7年となります。

SECTION

1-9 税法の解釈・適用

　租税実務においては，租税法規を解釈することにより，その意味内容を明らかにします。税法を適用するためには，解釈された課税要件に対して，該当する具体的な事実認定を行います。

1 税法解釈の基本原理

　税法の解釈は，法的安定性・予測可能性の要請からみだりに拡張解釈・類推解釈することはできません。

　法的安定性を確保するためには，税法上の問題点について，どのような法的解釈がなされるのか予測できることが重要となります。

　すなわち，経済取引などをする場合に，課税要件が何であるか明確であることにより，安心して経済活動を行うことができるからです。

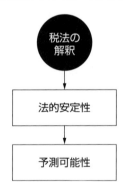

2 借用概念の解釈

税法で用いられる概念として，固有概念と借用概念があります。

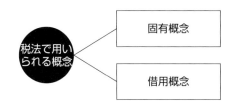

① 固有概念

税法独自に用いられる用語・概念のことをいいます。

② 借用概念

会社法・民法などの他の法分野において用いられる用語・概念のことをいいます。

借用概念について，他の法分野で用いられている意味と同じ意義に解釈するかどうかについて学説や裁判例において争われています。税法独自の意義として解釈するという考え方もあります。

3 信義則の適用

民法第1条第2項は，「権利の行使及び義務の履行は，信義に従い誠実に行わなければならない」と規定しています。このような，私法上の一般原則である「信義則」は，一般に税法の分野にも適用されると考えられています。

申告納税制度の下では，課税庁においては，納税者からの税務相談や申告指導が日常的に行われています。このような課税庁の行為などに誤りがあった場合に問題が生じ，その救済として「信義則」の適用を求めることがあります。

《参考》信義則の適用に関する裁判所の考え方

裁判所は，合法性の原則を犠牲にしてもなお納税者の信頼を保護することが必要であると認められる場合に「信義則」の適用が肯定されると判断しています。

SECTION
1-10 税務調査

税務調査は，質問検査権に基づき，必要があるときに租税に関する調査を行うことができ，適正かつ公平な課税を実現するために行われるものです。

1 税務調査の種類

❶ 強制調査

国税犯則取締法に基づき行われ，裁判所の許可を得て臨検・捜索・差押えを行います。通常調査では把握できないような，悪質かつ大口な脱税案件などの場合に，各国税局に配置された国税査察官が当たることになっています。

❷ 任意調査

納税者の同意に基づいて行われる，税務調査を指します。いわゆる一般的な税務調査はこれに当たり，主に，申告内容の確認のために行われるものを指します。調査に関しては，一般的に事前通知が行われることが多く，事前通知のない場合であっても，正当な理由なしに断ることはできません。

2 調査の目的

「すべての納税者が自主的に適正な申告と納税を行うようにするための担保としての役割を果すことにある。すなわち，適正でないと認められる申告については，充実した調査を行ってその誤りを確実に是正し，誠実な納税者との公平を図らなければならない。」（国税庁「昭和51年度税務運営方針」より）

3 調査の法的根拠

課税処分のための調査（国税通則法）

滞納処分のための調査（国税徴収法）

国税犯則事件のための調査（国税犯則取締法）

税務調査の流れ

- **事前通知** 納税地の税務署から，納税者に対し税務調査立会に関する日程・場所・税目・期間などを通知（現金商売などの場合，事前通知のない場合もあり）

- **実地調査** 納税地等において，調査官が帳簿や証票等の書類を確認（反面調査として，他の取引先の情報を入手する場合もあり）

- **申告是認** 調査による申告が適正であると認められると，申告是認とされる（是認通知が出る場合もある）

- **修正申告** 調査において調査官より修正項目を指摘された場合，その指摘された内容に関し，納税者が納得した項目に関して，自発的に修正申告を行う（納税者が納得しない場合，税務署の職権により更正される場合がある）

- **納　税** 調査に基づいた，本税，附帯税等の支払いを行う

　事前通知とは，原則として，納税者に対し調査の開始日時・開始場所・調査対象税目・調査対象期間などを事前に通知することをいいます。その際，税務代理を委任された税理士に対しても同様に通知します。
　なお，事前通知をすることにより正確な事実の把握を困難にする又は調査の適正な遂行に支障を及ぼすおそれがあると認められる場合には，通知せずに税務調査を行うことがあります。

SECTION
1-11 納税者の救済

> 税務署等の処分に対し不服のある場合，不服申立てとして，「審査請求」と「再調査の請求」があり，それでもなお決定や裁決に対し不服のある場合，「税務訴訟」へ進みます。

納税者が行った申告に対し，税務署等が税務調査を行い，その結果税務署等が指摘した事項に関して，修正申告を求めてきます。その修正申告に応じない場合，課税庁により更正処分が行われることがあります。

こうした更正処分に納得できない場合，租税不服申立てとして，原処分庁（最初に処分を行った税務署等）や国税不服審判所に対し不服を申し立てることができます。

税務訴訟においては，不服申立前置主義が採用されているため，原則として審査請求を経た後でなければ，税務訴訟を提起することはできません。

1 再調査の請求

再調査の請求は，処分を行った税務署等に対し，再調査の請求をする制度であり，税務署等が行った処分の通知を受けた日の翌日から3か月以内に，処分を行った税務署等に対し再調査の請求を行うことになります。

なお，改正法によって，従前の「異議申立て」から「再調査の請求」という名称に変わりました。

2 審査請求

審査請求は，処分を行った税務署等に対し，納税者の選択により，税務署長などに対する「再調査の請求」を行わずに，直接，国税不服審判所長に対する「審査の請求」を行うことをいいます。

3 税務訴訟

　国税不服審判所の裁決に対し，なお不服がある場合，原処分の取消を求め，訴訟を提起することができます。原則として，国税不服審判所の裁決があったことを知った日から，6か月以内に行います。審査請求をした日の翌日から起算し，3か月を経過しても裁決がない場合，裁決を待たずに訴訟を提起することができます。

処分から訴訟までの流れ

```
                    処分
              ┌──────┴──────┐
           3か月以内      3か月以内
              ↓             ↓
         再調査の請求        直接
         （対原処分庁） ←選択→ 審査
              ↓             請求
           決定（※）          ↓
           1か月以内          ↓
              ↓             ↓
         審査請求（対国税不服審判所長）
   （審理関係人（審査請求人・原処分庁）の証拠書類等の閲覧・謄写）
              ↓
           裁決（※）
           6か月以内
              ↓
             訴訟
```

（※）原処分庁・国税不服審判所長から3か月以内に決定・裁決がない場合は，決定・裁決を経ないで，審査請求・訴訟をすることができる。

（財務省HPの図を一部変更）

SECTION
1-12 脱税と租税回避

　租税回避とは，適法ではあるものの異常な行為により課税要件の充足を回避し（免れ），税負担の軽減を図る行為をいいます。
　脱税とは，課税要件の充足事実について全部又は一部について隠すという行為によって，税負担を免れる行為をいいます。

1 租税回避行為の意義

　租税回避は，税法が本来想定していない手法を利用していることが税負担の公平の観点から問題となります。
　すなわち，同種同等の経済活動を行ったにもかかわらず，一方は税負担が重く，他方は税負担が軽減されるということになると，税負担の公平が保たれないからです。

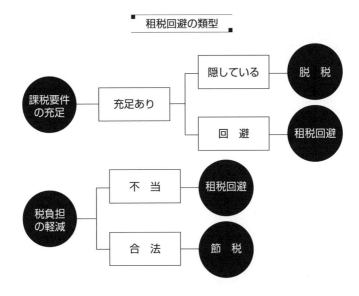

租税回避の類型

2 脱税・節税との区分

　脱税とは，例えば，売上を除外したり，経費を水増ししたりすることにより，課税要件を充足する事実を隠し，税負担を免れる行為をいいます。

　節税は，税法上の各種控除制度を積極的に利用する場合のように，税法が本来想定している制度を利用した結果として税負担が軽減されます。

3 租税回避行為への対応と問題点

　納税者の行った取引が，課税庁より租税回避行為として認定された場合には，当該取引は否認されます。租税実務においては，節税目的で行った経済取引と租税回避行為に関する線引きが難しいことから，最終的に裁判所の判断に求められるケースが増えています。

SECTION
1-13 附帯税

附帯税とは，延滞税，利子税，加算税，過怠税を総称したものをいい，国税の適正な納付を補完するための付加的負担とする税です。

1 附帯税

借入金に伴う利息のように，主たる債務に附帯して生じる債務を附帯債務といいますが，国税の附帯債務のことを附帯税といいます。

現在，附帯税には，延滞税，利子税，加算税及び過怠税があり，加算税は，さらに，過少申告加算税，無申告加算税，不納付加算税及び重加算税の4種類に分類されます。

なお，地方税では，地方税の附帯債務のことを附帯金といい，延滞税に相当するものを延滞金といい，加算税に相当するものを加算金といいます。

2 延滞税

延滞税は，税金を法定期限内までに完納しない場合に未納税額に対して課されます。期限内納付の確保と適正に納税した者との均衡を図るために設けられたもので，私法上の遅延利息に相当するものです。

3 利子税

利子税は，所得税，相続税及び贈与税の納税の延期や法人税の納税申告書の提出期限の延長が認められた場合に，その延納税額に課されるもので，その期間の利息としての性格を有します。

4 加算税

加算税は，納税申告書が提出されない場合や徴収納付義務が履行されない場

合に課されます。これは，申告納税制度及び徴収納付制度の定着を図るために設けられたもので，行政上の制裁としての性格を有します。

5 過怠税

印紙税は，原則として，印紙を課税文書に貼付し，消印する方法で納付されますが，印紙を貼付すべき文書に印紙が貼付されてないとき（納付しなかったとき）に課されます。

加算税の種類

税　　目		税　額　計　算
申告納税方式による国税	過少申告加算税	追加納付税額×10％
	無申告加算税	納付税額×15％
源泉徴収による国税	不納付加算税	未納付税額×10％
申告納税方式による国税	重加算税	事実の隠ぺい仮装に基づく過少申告があった場合：追加納付税額×35％ ※過少申告加算税の代わりに課される
		事実の隠ぺい仮装に基づく無申告があった場合：納付税額×40％ ※無申告加算税の代わりに課される
		事実の隠ぺい仮装に基づく不納付があった場合：未納付税額×35％ ※不納付加算税の代わりに課される

※1　上記税目については，軽減・免除規定の措置が講じられる場合があります。
※2　過去5年以内に無申告加算税又は重加算税を課されたことがある場合は10％加算されます。

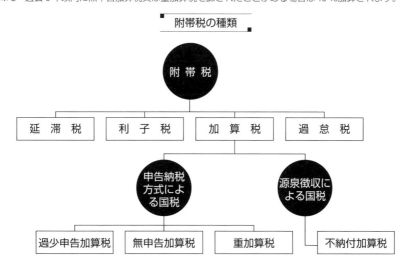

附帯税の種類

第2章
所得税法

SECTION
2-1 所得の種類

> 所得は，①利子所得，②配当所得，③不動産所得，④事業所得，⑤給与所得，⑥退職所得，⑦山林所得，⑧譲渡所得，⑨一時所得，⑩雑所得の10種類の所得に分類されています。

所得税とは，毎年1月1日から12月31日までの1年間（暦年）に個人が得た所得に係る税をいいます。

1 所得の種類

所得税法上，所得は，①利子所得，②配当所得，③不動産所得，④事業所得，⑤給与所得，⑥退職所得，⑦山林所得，⑧譲渡所得，⑨一時所得，⑩雑所得の10種類の所得に分類されています。

所得が10種類に区分されているのは，所得の性質や発生原因の違いによって，担税力（税金を負担する能力）が異なるためです。

2 非課税所得

所得税は，原則として，その人が得たすべての所得に対して課税されますが，社会政策上又は課税技術上の観点から所得税を課さないこととするものがあります。これを非課税所得といいます。

非課税所得は，①所得税法，②租税特別措置法，③その他の法令により課税対象から除かれています。

主な非課税所得として次のようなものがあります。

■ 所得税法の規定によるもの

a．増加恩給・傷病賜金・遺族年金・障害者年金

b．生活に通常必要な動産の譲渡による所得

c．強制換価手続による資産の譲渡及びこれに類する資産の譲渡による所得

d．文化功労者，ノーベル賞などの金品

e．相続，遺贈又は個人からの贈与による所得

  f．損害保険金，損害賠償金，慰謝料

  g．オリンピック又はパラリンピック特別賞

2 租税特別措置法の規定によるもの

  a．公社債等の譲渡等による所得

3 その他の法令の規定によるもの

  a．健康保険法，国民健康保険法，介護保険法の保険給付

  b．雇用保険法により支給される失業給付

  c．生活保護法により支給を受ける保護金品

  d．当せん金付証票法による当せん金付証票の当せん金品（いわゆる宝くじ）

  e．児童手当

所得の種類

種　類	内　容
① 利 子 所 得	預貯金・国債などの利子の所得
② 配 当 所 得	株式や出資の配当などの所得
③ 不 動 産 所 得	土地や建物を貸している場合の所得
④ 事 業 所 得	事業をしている場合の所得
⑤ 給 与 所 得	給料・賃金・ボーナスなどの所得
⑥ 退 職 所 得	退職金・一時恩給などの所得
⑦ 山 林 所 得	山林の立木を売った場合の所得
⑧ 譲 渡 所 得	ゴルフ会員権，土地や建物，株式などを売った場合の所得
⑨ 一 時 所 得	生命保険の満期一時金や立退料などの一時的な所得
⑩ 雑 所 得	公的年金や生命保険契約等に基づく年金など①〜⑨以外の所得

SECTION
2-2 納税義務者

納税義務者は，所得税の課税所得の範囲に応じて区分されています。

1 所得税の納税義務者

所得税の納税義務者は，原則として個人ですが，法人や人格のない社団等も預金の利子や株式の配当など源泉徴収の対象となる所得については源泉所得税を納める義務があります。

所得税法では，個人の納税義務者については，居住の態様に応じて，居住者と非居住者に区分します。

納税義務者の区分

納税義務者		定　　義
個人	居住者 非永住者以外の居住者	日本国内に住所※を有し又は現在まで引き続いて1年以上居所※を有する個人のうち非永住者以外の者
	非永住者	日本の国籍を有しておらず，かつ過去10年以内の間，国内に住所又は居所を有していた期間の合計が5年以下の個人
	非居住者	居住者以外の個人

※ 「住所」とは，その人の生活の本拠をいい（民法22），必ずしも住民票のある場所とは限らず，国内に生活の本拠があるかどうかは，客観的事実によって判定します（所基通2-1）。
※ 「居所」（民法23）とは，その人が相当期間継続して居住している場所をいい，その人の生活の本拠という程度には至らないが，その人が現実に居住している場所とされています。

2 課税所得の範囲

個人の納税義務者の課税所得の範囲は，次のようになります。

個人の納税義務者の課税所得の範囲

納税義務者			課税所得の範囲
個人	居住者	非永住者以外の居住者	国内外を問わず，原則としてすべての所得
		非永住者	日本国内で生ずる所得（国内源泉所得）と国外で生ずる所得（国外源泉所得）のうち日本国内で支払われ，又は国外から送金されたもの
	非居住者		日本国内で生ずる所得（国内源泉所得）のみ

3 納税地

納税地とは，納税義務者の申告，申請等の諸手続き及び納税をすべき管轄の基準となる場所をいいます。所得税法における納税地は，国内に住所等を有するかどうかにより，次のように定められています。

納税地の判定

納税義務者		判定区分	納税地	
			原則	特例
居住者	a	国内に住所を有する場合	住所地	居所，事務所などを納税地として選択することができる
	b	国内に住所を有せず，居所を有している場合	居所地	
非居住者	c	国内に恒久的施設（事務所など）を有する場合	恒久的施設の所在地	納税管財人を定め出国した場合は，出国時の住所又は居所
	d	かつて国内に住所又は居所を有していたが現在は有しない場合で，その場所に現在親族等が居住している場合	当時の住所地又は居所地	
	e	cd に該当しない場合で，国内にある不動産の貸付け等の対価を得ている場合	貸付等の資産の所在地	
	f	c～e に該当しない場合で，納税地を選択した場合	その者が選択した場所	—
	g	c～f に該当しない場合	麹町税務署	—

SECTION

2-3 利子・配当所得

　預貯金や公社債の利子などは利子所得として課税されます。利子所得は，原則として，源泉分離課税とされているため，確定申告不要となります。
　株式や出資の配当を受けた場合などには配当所得として課税されます。配当所得は，原則として総合課税の対象とされますが，確定申告不要制度の特例があります。

1 利子所得とは

　利子所得とは，預貯金や公社債の利子並びに合同運用信託，公社債投資信託及び公募公社債等運用投資信託の収益の分配に係る所得をいいます。

　利子所得は，原則として，支払いを受ける際，利子所得の金額に一律20.315％（所得税及び復興特別所得税15.315％，地方税5％）の税率を掛けた金額が源泉徴収され，源泉分離課税の対象とされていますのでこれにより納税が完結します。

　また，利子所得については，政策的な配慮から，さまざまな非課税措置が講じられています。

2 利子所得の金額の計算

　利子所得については，必要経費は認められず，利子等の収入金額（源泉徴収される前の金額）がそのまま利子所得の金額となります。

> 利子所得の金額 ＝ 収入金額

3 配当所得とは

　配当所得とは，株主や出資者が法人から受ける配当や投資信託（公社債投資信託及び公募公社債等運用投資信託以外のもの）及び特定受益証券発行信託の収益の分配などに係る所得をいいます。

4 配当所得の金額の計算

　配当所得の金額は，配当等の収入金額（源泉徴収される前の金額）から，株式などを取得するために支払った借入金の利子を控除して計算します。

$$\text{配当所得の金額} = \begin{pmatrix}\text{配当等の収入金額}\\\text{（源泉徴収される前の金額）}\end{pmatrix} - \begin{pmatrix}\text{株式などを取得する}\\\text{ための借入金の利子}\end{pmatrix}$$

5 配当所得の課税

　配当所得は，原則として，申告を必要とする総合課税制度が採用されていますが，配当等の支払いを受ける際に以下のような株式等の区分に応じ，所得税及び復興特別所得税が源泉徴収されます。

① 上場株式等の配当等（個人の大口株主等を除く）の場合…税率20.315％（所得税及び復興特別所得税15.315％，住民税5％）

② 上場株式等以外の配当等の場合…税率20.42％（所得税及び復興特別所得税20.42％，住民税0％）

6 配当所得の課税の特例

　配当所得の課税については，申告するかしないかを選択できる確定申告不要制度の特例があります。

　確定申告不要制度とは，配当所得のうち，一定のものについては確定申告をしなくてもよいこととするもので，次のような配当等は，源泉徴収により納税が完結し，確定申告を要しません。

① 上場株式等の配当等の場合（大口株主等が受ける場合を除く）

② 上場株式等以外の配当等で，1回に支払いを受けるべき配当等の金額が10万円に配当計算期間の月数を乗じ12で除した金額以下である場合（少額配当）

　なお，①の上場株式等の配当所得については，総合課税によらず，申告分離課税を選択することができます。

SECTION
2-4 不動産所得

不動産所得とは，土地や建物を所有している個人が，それらの不動産を貸し付けて地代や家賃などを受け取ったときの所得をいいます。

1 不動産所得とは

不動産所得とは，個人が所有する次の貸付けによる所得をいいます。
① 不動産，不動産の上に存する権利
② 地上権や借地権，永小作権などの不動産に設定されている権利
③ 船舶，航空機

なお，不動産等の貸付けが事業として行われている場合であっても，不動産等の貸付けによる所得は，事業所得とならず不動産所得になります。

2 不動産所得の計算方法

不動産所得の金額は，次のように計算します。

> 不動産所得の金額 ＝ 総収入金額 － 必要経費

■ 総収入金額とは

個人が，貸付けの際に受け取る1年間の賃貸料収入（上記①～③）の他に，更新料，名義書換料，共益費として受け取る電気代，水道代なども含まれます。

なお，敷金や保証金は，退去時に返還する預り金のため，収入には含みません。ただし，返還しない場合には収入となります。

■ 必要経費とは

不動産収入を得るために直接要した経費をいい，固定資産税，損害保険料，修繕費，借入金の利子，減価償却費，管理費などがあります。

貸付けや事業の用に供する建物，建物附属設備，機械装置，車両運搬具，器

具備品などの資産の修繕費で通常の維持管理や修理のために支出されるものは必要経費になりますが、資産の使用可能期間を延長させたり、資産の価額を増加させたりする部分は資本的支出として固定資産に計上し、減価償却費の対象とすることとなっています。

3 事業的規模の判定

不動産貸付けが、事業として行われているか、すなわち「事業的規模」か「業務的規模」かによって、不動産所得の金額の計算における資産損失、事業専従者給与、青色申告特別控除等の取扱いが異なります。

不動産貸付けが、事業的規模かどうかについては、原則として、社会通念上事業と称するに至る程度の規模で行われているかどうかによって、実質的に判断することとされていますが、建物の貸付けについては、次のいずれかの基準に該当する場合には、原則として事業として行われているものとして取り扱われます。

① 貸間、アパート等については、貸与することのできる独立した室数がおおむね10室以上であること
② 独立家屋の貸付けについては、おおむね5棟以上であること

事業的規模と業務的規模の経費等の取扱い

項　目	事業的規模	業務的規模
固定資産の取壊し、除却などの資産損失	全額必要経費に算入される	その年の資産損失を差し引く前の不動産所得の金額を限度として必要経費に算入される
賃貸料等の回収不能による貸倒損失	回収不能となった年分の必要経費となる	収入に計上した年分までさかのぼって、その回収不能に対応する所得がなかったものとして、所得金額の計算をやり直す
青色申告の事業専従者給与又は白色申告の事業専従者控除	適用あり	適用なし
青色申告特別控除	最高65万円控除（一定の要件を満たす場合に限り）	最高10万円控除

SECTION
2-5 事業所得

事業所得とは，農業，漁業，製造業，卸売業，小売業，サービス業及びその他の事業から生ずる所得をいいます。

1 事業所得の範囲

個人で，農業，漁業，製造業，卸売業，小売業，サービス業その他の事業を行っている場合に発生する所得ですが，山林所得又は譲渡所得に該当するものを除きます。

事業所得における事業とは，営利性，継続性，反復性のある業務活動や社会通念上，事業と認められる業務活動をさします。

事業所得は，計算上，営業所得，その他の事業所得，農業所得に分類されます。

①営業所得	製造業，卸売業，小売業，サービス業
②その他の事業所得	自由業（医師，弁護士，税理士，芸能人，プロスポーツ選手），漁業，畜産業
③農業所得	農作物（米，野菜，果樹など）の生産

2 事業所得の計算

事業所得の金額は，次のように計算します。

　　事業所得の金額 ＝ 総収入金額 － 必要経費

3 収入金額の計算

■ 収入金額とは

事業所得の収入金額は，金銭による収入だけでなく物又は権利等を取得する

時における価額や経済的利益を享受する時における価額も含まれます。

その年において収入すべき金額は，年末までに現実に金銭等を受領していなくとも，「収入すべき権利の確定した金額」になります。したがって，実際に金銭等を受領したか否か，また，代金を請求したか否かは関係がありません。

2 収入金額

それぞれの事業から生ずる売上金額のほか，次のようなものが含まれます。

a．金銭以外の物や権利などによる収入
b．商品の自家用消費又は贈与した場合のその商品の価額
c．商品の損失や損害について支払われる保険金や損害賠償金
d．仕入割引やリベート収入
e．その他事業活動に伴い発生する収入

4 必要経費の計算

必要経費とは，収入を得るために直接必要なもので，家事上の経費と明確に区分できるものであり，例えば，次の表に掲げるようなものなどがあります。

なお，必要経費の特例には，事業専従者である親族に支払う給料などがあります。

売上原価	物品販売業等では，商品の仕入高
給料・賃金	従業員やアルバイトの人件費
水道光熱費	電気，ガス，水道等の費用
通信費	電話代，インターネットの費用等
租税公課	印紙税，自動車税等
地代家賃	事業所等の家賃，駐車場代等
借入利子	借入金に係る利息等
修繕費	固定資産の維持管理や原状回復のために要した費用
交際費	得意先等，事業に関係ある者に対する接待，供応，慰安，贈答等
減価償却費	固定資産等の使用期間に応じて費用配分をしたもの

SECTION
2-6 必要経費と家事関連費

個人事業主の支出には，事業上の経費と生活費が混在する家事関連費という考え方があります。

1 必要経費の性格

1 必要経費に算入できる金額

総収入金額に対応する売上原価その他その総収入金額を得るために直接要した費用の額とその年に生じた販売費，一般管理費その他業務上の費用の額です。

2 必要経費の算入時期

原則としてその年において債務の確定した金額です。その年に支払った場合でも，債務の確定していないものはその年の必要経費になりません。また支払っていない場合でも，債務が確定しているものはその年の必要経費になります。

3 「その年において債務が確定している」ための要件

　a．その年の12月31日までに債務が成立していること
　b．その年の12月31日までにその債務に基づく原因となる事実が発生していること
　c．その年の12月31日までに金額が合理的に算定できること

2 家事関連費の範囲

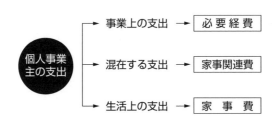

個人事業主の支出で，必要経費と家事費の性格が混在する家事関連費であっても，次の金額は必要経費となります（例：地代家賃・水道光熱費・電話料金・火災保険料）。

 a．主たる部分が業務の遂行上必要であり，かつ，業務に必要である部分を明らかに区分することができる場合のその区分できる金額

 b．青色申告者で，取引の記録などに基づいて，業務の遂行上直接必要であったことが明らかに区分することができる場合のその区分できる金額

3 個人事業者の自家消費

棚卸資産を家事のために消費したり，知人等へ贈与をした場合，その消費した時におけるこれらの資産の価額に相当する金額は，その者のその消費した日の属する年分の事業所得の金額の計算上，総収入金額に算入しなければなりません。

これは，自分や従業員が棚卸資産（店の売り物）を食べたり飲んだり，知人にあげたりした場合，その分は金銭の授受の有無にかかわらず売上に計上しなければならないということです。

SECTION

2-7 給与所得

給与所得とは、俸給、給料、賃金、歳費（国会議員に支給されるもの）及び賞与並びにこれらの性質を有する給与に基づく所得をいいます。

1 給与所得とは

給与所得は、給料、賃金、報酬、賞与などその名称に関わらず、雇用契約に基づき、労働者が使用者の指揮命令に従い提供する労働の対価として使用者から受け取る経済的利益を指します。

給与に対する所得税は、勤務先が毎月の給与を支払う際に源泉徴収し、その年の最後に給与が支払われる際に年末調整で精算されます。

2 給与所得の計算

給与所得の金額は、その年中の給与等の収入金額から給与所得控除額を控除した残額です。

給与所得の金額 ＝ 収入金額 － 給与所得控除額

■ 収入金額

収入金額は、以下の2種類で構成されます。
a．金銭支給　給料、賃金、賞与
b．現物給与　昼食代,社宅家賃,低金利貸付などのうち経済的利益に該当するもの

❷ 給与所得控除額

給与所得控除額は、サラリーマンの必要経費に相当するもので、以下のように計算します。

※ 2020（平成32）年より、子育てや介護に対して配慮する観点から、所得金額調整控除制度が設けられます。

■ 給与所得控除

給与等の収入金額 (給与所得の源泉徴収票の支払金額)	給与所得控除額	
	2017(平成29)年～ 2019(平成31)年	2020(平成32)年以後
162万5,000円以下	65万円	55万円
162万5,000円超 180万円以下	その収入金額×40%	その収入金額×40% －10万円
180万円超 360万円以下	その収入金額×30% ＋18万円	その収入金額×30% ＋8万円
360万円超 660万円以下	その収入金額×20% ＋54万円	その収入金額×20% ＋44万円
660万円超 850万円以下	その収入金額×10% ＋120万円	その収入金額×10% ＋110万円
850万円超 1,000万円以下		195万円
1,000万円超	220万円	

3 現物給与（フリンジ・ベネフィット）

　給与は，通常は金銭で支給されますが，社宅家賃や低金利貸付などのように次に掲げるような物又は権利その他の経済的利益をもって支給されることがあります。

　　a．物品その他の資産を無償又は低い価額により譲渡したことによる経済的利益
　　b．土地，家屋，金銭その他の資産を無償又は低い対価により貸し付けたことによる経済的利益
　　c．福利厚生施設の利用などb．以外の用役を無償又は低い対価により提供したことによる経済的利益
　　d．個人的債務を免除又は負担したことによる経済的利益

　これらの経済的利益を一般に現物給与といい，原則として給与所得の収入金額とされます。

SECTION
2-8 給与所得者の特定支出控除

給与所得者は，給与所得者の必要経費に相当するものとして「給与所得控除」がありますが，一定の要件を満たす場合には「特定支出控除の特例」を受けることができます。

1 給与所得者の特定支出控除

給与所得者が次の①から⑥の特定支出をした場合，その年の特定支出の額の合計額が，下記の表の区分に応じそれぞれ「特定支出控除額の適用判定の基準となる金額」を超えるときは，確定申告によりその超える部分の金額を給与所得控除後の所得金額から差し引くことができる制度があります。

その年中の給与等の収入金額	特定支出控除額の適用判定の基準となる金額
一律	その年中の給与所得控除額×1/2

これを給与所得者の特定支出控除といいます。

2 特定支出控除の範囲

特定支出とは，給与所得者が支出する次に掲げる支出のうち一定のものです。
① 一般の通勤者として通常必要であると認められる通勤のための支出（通勤費）
② 転勤に伴う転居のために通常必要であると認められる支出（転居費）
③ 職務に直接必要な技術や知識を得ることを目的として研修を受けるための支出（研修費）
④ 職務に直接必要な資格を取得するための支出（資格取得費）
⑤ 単身赴任などの場合で，その者の勤務地又は居所と自宅の間の旅行のために通常必要な支出（帰宅旅費）
⑥ 次に掲げる支出（その支出の額の合計額が65万円を超える場合には，

65万円までの支出に限ります）で，その支出がその者の職務の遂行に直接必要なものとして給与等の支払者より証明がされたもの（勤務必要経費）

a．書籍，定期刊行物その他の図書で職務に関連するものを購入するための費用（図書費）

b．制服，事務服，作業服その他の勤務場所において着用することが必要とされる衣服を購入するための費用（衣服費）

c．交際費，接待費その他の費用で，給与等の支払者の得意先，仕入先その他職務上関係のある者に対する接待，供応，贈答その他これらに類する行為のための支出（交際費等）

SECTION
2-9 退職所得

退職所得とは，退職により勤務先から受け取る退職金（退職手当金）などの性質を有する支払金に基づく所得をいいます。

1 退職所得とは

退職所得とは，退職により勤務先から受ける退職手当などの所得をいいます。

退職金は，賃金の後払い的性格を持ち，退職者の老後の生活を支える資金となるものです。

退職所得に対する所得税は，他の所得と分離して所得税額を計算し，源泉徴収されますので，原則として確定申告の必要はありません。

2 退職所得の計算

$$\text{退職所得の金額} = (\text{収入金額} - \text{退職所得控除額}) \times \frac{1}{2}$$

■ 収入金額

退職所得の計算のもとになる収入とは，退職手当，一時恩給その他退職によって一時に受け取る給与やこれらの性質を持っている給与をいいます。

社会保険制度によって支給される一時金や適格退職年金契約に基づいて生命保険会社又は信託会社から受ける一時金も収入とみなされます。

2 退職所得控除額

勤続年数に応じて以下のように計算します。

勤続年数	退職控除額
20年以下の場合	40万円 × 勤続年数
20年を超える場合	800万円 ＋ 70万円 ×（勤続年数 － 20年）

※ 上記の算式で計算した金額が，80万円未満の場合は，退職所得控除額は80万円となります。
※ 勤続年数に1年未満の端数がある場合には，1年として計算します。
※ 障害者になって退職した場合には，上記の算式で計算した金額に100万円を加算した金額が，退職所得控除額となります。

3 退職所得の税額計算

退職金などの支払いの際に「退職所得の受給に関する申告書」を提出している人の場合は，退職金などの支払者が所得税額を計算し，その退職金などの支払の際に，所得税の源泉徴収を行います。

「退職所得の受給に関する申告書」の提出がなかった人の場合は，退職金などの支払金額の20.42％が源泉徴収されますので，退職金の受給者は，確定申告で税額の精算をすることになります。

4 死亡退職金と相続税

被相続人の死亡によって，死亡後3年以内に支払いが確定した退職金は，相続税の課税対象となります。

SECTION
2-10 譲渡所得

土地や建物を売ったときの譲渡所得は，次のとおり所有期間によって長期譲渡所得と短期譲渡所得の2つに区分し，税の計算も別々に行います。

1 譲渡所得

譲渡所得とは，有償無償を問わず，所有資産を移転させる一切の行為による所得を指します。

1 対象

土地，借地権，建物，船舶，機械器具，漁業権，取引慣行のある借家権，ゴルフ会員権，特許権，著作権，鉱業権，土石（砂），特定の有価証券，書画，骨董，宝石が対象となります。

なお，棚卸資産の譲渡や，その他営利を目的として継続的に行われる資産の譲渡，山林の伐採又は譲渡による所得は含みません。

2 総合課税と申告分離課税

a．総合課税　譲渡した資産が，土地・建物・株式以外の場合
b．申告分離課税　土地・建物・株式の場合

総合課税には特別控除があり，譲渡益が50万円未満の場合はその譲渡益，

譲渡した資産の種類別課税方法

譲渡資産の種類		課税方法
土地（借地権等の土地の上に存する権利を含む）及び建物等		分離課税（土地建物等）
株式等	短期所有土地の譲渡とみなされるもの	分離課税（土地建物等）
	ゴルフ会員権の譲渡に類似するもの	分離課税
	上記以外の株式等に係る譲渡	分離課税（株式等）
その他の資産		総合課税

譲渡益が50万円以上の場合は50万円が控除されます。

2 土地・建物の譲渡と長期・短期の区分

短期譲渡所得…譲渡した年の1月1日において所有期間が5年以下のもの
長期譲渡所得…譲渡した年の1月1日において所有期間が5年を超えるもの
〈税率〉
短期譲渡…原則30％（優良宅地等譲渡の場合は15％）
長期譲渡…原則15％（優良宅地等譲渡の場合は10％）

※　復興特別所得税が課税されます。

3 土地・建物の譲渡所得計算方法

> 土地・建物の譲渡収入金額(①)
> －（土地・建物の取得費(②) ＋ 土地・建物の譲渡に要した費用(③)）
> － 特別控除額(④) ＝ 譲渡所得 × 税率（短期・長期により異なります）

① 土地・建物の譲渡収入金額…土地・建物の売却価額を指します。
② 土地・建物の取得費…売却した土地・建物（減価償却後の価額）を購入（取得）した時の価額を指します。購入時の価額が不明な場合や取得価額が譲渡価額の5％よりも低い場合，譲渡価額の5％を取得費（概算取得費）とすることができます。
③ 土地・建物の譲渡に要した費用　譲渡の際に支払った仲介手数料や登記費用，印紙代等を含みます。
④ 特別控除額の例
　　a．公共事業などのために土地建物を売った場合（5,000万円の特別控除の特例）
　　b．マイホーム（居住用財産）を売った場合（3,000万円の特別控除の特例）
　　c．特定土地区画整理事業などのために土地を売った場合（2,000万円の特別控除の特例）

SECTION
2-11 一時所得・雑所得

　一時所得とは，営利を目的とする継続的行為から生じた所得以外の所得で，労務その他の役務又は資産の譲渡の対価としての性質を有しないものをいいます。
　雑所得とは，利子所得，配当所得，不動産所得，事業所得，給与所得，退職所得，山林所得，譲渡所得，一時所得のいずれにも該当しない所得を指します。

1 一時所得

1 具体例

　a．賞や福引の賞金品（業務に関する受取を除く）
　b．競馬の馬券や競輪の車券の払戻金等（インターネットを利用して，大量に購入する馬券の払戻し金は雑所得に該当する場合もあります）
　c．生命保険金の一時金（業務に関する受取を除く）や損害保険の満期払戻金
　d．法人から贈与された金品（業務に関する受取及び継続的な受取を除く）
　e．遺失物拾得者や埋蔵物の発見者が受け取る報労金等

2 所得の計算方法

$$一時所得の金額 = \{(総収入金額 - その収入を得るために支出した金額) - 特別控除額（最高50万円）\} \times \frac{1}{2}$$

　累進税率緩和の観点から，当該所得金額の2分の1に相当する金額を，他の所得と合計して総所得金額を求めます。ただし，懸賞金付預貯金等の懸賞金など，源泉分離課税が適用されるものもあります。

2 雑所得

1 具体例

　a．公的年金等，非営業貸付金の利子

b．事業といえない程度の簡易な物品販売による利得
   c．著述家や作家以外の人が受ける原稿料や印税
   d．講演料や放送謝金
   e．国税又は地方税の還付加算金

2 所得の計算方法

   a．公的年金等によるもの

   | 公的年金等の収入金額 － 公的年金等控除額 |

   b．公的年金等以外のもの

   | 公的年金等以外の総収入金額 － 必要経費 |

公的年金等に係る雑所得の速算表

年金を受け取る人の年齢	(a) 公的年金等の収入金額の合計額	(b) 割合	(c) 控除額
65歳未満	（公的年金等の収入金額の合計額が700,000円までの場合は所得金額はゼロとなります）		
	700,001円から1,299,999円まで	100％	700,000円
	1,300,000円から4,099,999円まで	75％	375,000円
	4,100,000円から7,699,999円まで	85％	785,000円
	7,700,000円以上	95％	1,555,000円
65歳以上	（公的年金等の収入金額の合計額が1,200,000円までの場合は，所得金額はゼロとなります）		
	1,200,001円から3,299,999円まで	100％	1,200,000円
	3,300,000円から4,099,999円まで	75％	375,000円
	4,100,000円から7,699,999円まで	85％	785,000円
	7,700,000円以上	95％	1,555,000円

※ 2020（平成32）年分の所得税から公的年金等控除額が一律10万円引き下げられます。

SECTION
2-12 源泉徴収

給与，利子，配当，税理士報酬などを支払う者が，その支払金額から所定の方法により計算した所得税額を差し引いて国に納付する制度です。

1 源泉徴収義務者

所得税を源泉徴収して国に納付する義務のある者を「源泉徴収義務者」といいます。

2 源泉徴収の納税地

原則として，源泉徴収の対象とされている所得の支払いをする者の支払事務を取り扱う事務所等の所在地とされています。

なお，源泉徴収した所得税は，その源泉徴収義務者の納税地の所轄税務署へ納付することになります。

3 源泉徴収の対象となる所得（居住者，内国法人）

■ 居住者が支払いを受ける場合

給与等，退職手当金等，公的年金等，報酬・料金等，生命保険契約・損害保険契約に基づく年金，特定口座内保管上場株式等の譲渡による所得等

❷ 内国法人が支払いを受ける場合

馬主が受ける競馬の賞金

❸ 居住者，内国法人が支払いを受ける場合

利子等，配当等，定期積金の給付補てん金等，特定の匿名組合契約等に基づく利益の分配，懸賞金付預貯金の懸賞金等，割引債の償還差益

❹ 非居住者及び外国法人が支払いを受ける場合

a．国内にその源泉のあるもの

民法組合契約等に基づく組合利益の配分，土地等の譲渡による対価，人的役務の提供事業を行う者が受けるその役務提供の対価，不動産・船舶・航空機等の貸付けの対価及び地上権等の設定の対価，利子等，配当等，貸付金の利子，工業所有権・著作権等の使用料又は譲渡の対価，給与その他人的役務の提供に対する報酬・公的年金等・退職手当等（非居住者のみ），事業の広告宣伝のための賞金，生命保険契約・損害保険契約等に基づく年金，定期積金の給付補てん金等，特定の匿名組合契約等に基づく利益の分配

b．その他

国内に恒久的施設を有する非居住者が行う特定口座内保管上場株式等の譲渡による所得，懸賞金付預貯金の懸賞金等，割引債の償還差益

4 源泉徴収をする時期

原則として所得を支払う時ですが，所得を支払うことが確定していても，現実に支払われなければ，源泉徴収をする必要はありません。

5 源泉徴収をした所得の納付

■1 原則

源泉徴収の対象となる所得を支払った月の翌月10日までに納付します。

■2 納期の特例

給与の支給人員が常時10人未満である場合，「源泉所得税の納期の特例の承認に関する申請書」を提出することにより，給与や退職手当，税理士等の報酬・料金について源泉徴収した所得税を，年2回にまとめて納付することができます。

■3 納期限の特例

「納期の特例」の承認を受けている者は，その年の1月から6月までに源泉徴収をした所得税は7月10日，7月から12月までの間に源泉徴収をした所得税及び復興特別所得税は翌年1月20日が，それぞれ納付期限となります。

SECTION
2-13 青色申告（所得税）

事業所得，不動産所得，山林所得では，所得金額の計算などについて有利な取扱いが受けられる青色申告の制度があります。

1 青色申告制度の概要

　所得税は，納税者が自主的に申告・納税を行う申告納税制度を採用しています。所得金額を正しく計算し申告するためには，日々の取引の状況を記帳し，取引に伴い作成した資料を保存しておく必要があります。この場合に，一定水準の会計帳簿を作成し，その会計帳簿に基づいて正しい申告をする納税者には，所得金額の計算などについて有利な取扱いが受けられる青色申告の制度があります。

　青色申告は，不動産所得，事業所得，山林所得に適用されます。

2 青色申告の申請手続

　新たに青色申告の申請をする納税者は，その年の3月15日までに「青色申告承認申請書」を納税地の所轄税務署長に提出します。

　なお，その年の1月16日以後に新たに開業した納税者は，開業の日から2か月以内に申請することになります。

3 青色申告者の帳簿書類とその保存

　青色申告の会計帳簿は，年末に貸借対照表と損益計算書を作成することができる正規の簿記によることが原則ですが，現金出納帳，売掛帳，買掛帳，経費帳のような帳簿を備え付けるだけでも認められます。会計帳簿及び資料などは，原則として7年間保存することとされています。

4 主要な青色申告の特典

❶ 青色申告特別控除

　不動産所得又は事業所得を生ずべき事業を営んでいる青色申告者で，これらの所得に係る取引を正規の簿記の原則（複式簿記）により会計帳簿を作成し，その会計帳簿に基づいて作成した貸借対照表を損益計算書とともに確定申告書に添付して確定申告期限内に提出している場合には，原則としてこれらの所得を通じて最高 65 万円を控除することが認められます。

　なお，上記以外の青色申告者は，不動産所得，事業所得及び山林所得を通じて最高 10 万円を控除することが認められます。

　※　2020（平成 32）年より，55 万円の青色申告特別控除になりますが，電子申告または電子帳簿保存を行う場合には，65 万円の青色申告特別控除が受けられます。

❷ 青色事業専従者給与

　青色申告者と生計を一にしている配偶者やその他の親族のうち，年齢が 15 歳以上で，その青色申告者の事業に専ら従事している人に支払った給与は，事前に提出された届出書に記載された金額の範囲内で必要経費として認められます。

　なお，青色事業専従者として給与の支払いを受けている人は，控除対象配偶者や扶養親族には該当しません。

❸ 純損失の繰越しと繰戻し

　事業所得などが損失（赤字）になり，純損失が生じたときには，その損失額を繰り越して翌年以後 3 年間にわたって，各年分の所得金額から差し引くことができます。

　前年も青色申告をしている場合には，純損失の繰越しに代えて，損失額を繰り戻して前年の所得金額から差し引き，前年分の所得税の還付を受けることもできます。

SECTION
2-14 所得計算

　所得税の計算は，所得の種類に応じて，①総合課税制度，②申告分離課税制度，③源泉分離課税制度による課税方法があります。
　所得税の税率は，課税所得金額に応じて5％から45％の7段階に区分されています。これを累進税率といいます。

1 所得の種類と課税方法

　所得税の計算は，所得の種類に応じて，①総合課税制度，②申告分離課税制度，③源泉分離課税制度による課税方法があります。

❶ 総合課税制度

　総合課税制度とは，確定申告により，他の所得と合算して所得税を計算する制度です。所得税は，原則として総合課税の方式を採用しています。

❷ 申告分離課税制度

　申告分離課税制度とは，確定申告により，他の所得と分離して所得税を計算する制度です。例えば，山林所得，土地建物等の譲渡による譲渡所得，株式を譲渡したことによる所得，一定の先物取引に係る所得等が申告分離課税となっています。

❸ 源泉分離課税制度

　源泉分離課税制度とは，他の所得とは関係なく，所得を受け取るときに一定の税額が源泉徴収され，それですべての納税が完結する制度です。

2 所得税の計算方法

　所得税の基本的な計算の流れは，次のようになります。

❶ 各種所得の収入金額

　各種所得の収入金額を算出します。

2 各種所得の計算

各種所得の収入金額から必要経費を差し引き，各種所得の区分ごとに所得金額を算出します。

3 課税所得金額の計算

各種所得の金額の合計額から，損益通算，純損失と雑損失の繰越控除を行って課税標準を計算し，そこから所得控除額を差し引いて課税所得金額を計算します。

4 所得税額の計算

課税所得金額に税率を乗じて所得税額を算出します。

5 申告納税額の計算

算出した所得税額から各種税額控除，源泉徴収税額，予定納税額を差し引いて，納付（還付）税額が確定します。

3 損益通算

損益通算とは，各種所得金額の計算上生じた損失のうち一定のものについてのみ，一定の順序に従って，総所得金額，退職所得金額又は山林所得金額等を計算する際に他の各種所得の金額から控除することです。

所得の金額の計算上，損失が生じた場合に，損益通算の対象となる所得は，①不動産所得，②事業所得，③譲渡所得，④山林所得です。

4 所得税の税率

所得税額の計算は，課税所得金額に税率を乗じて所得税額を算出します。

5 復興特別所得税

東日本大震災からの復興財源を確保するため，平成25年から平成49年まで「復興特別所得税」として，（基準）所得税額の2.1％が上乗せして課税されます。

SECTION
2-15 所得控除

所得税法では，所得控除という制度を設けており，それぞれの内容に該当する場合，個人の所得から控除を行い，各種所得の金額の合計額から各所得控除の額の合計額を差し引くことができます。

所得控除の種類には，以下のようなものがあります。

1 雑損控除

災害又は盗難若しくは横領によって，資産について損害を受けた場合等には，一定の金額の所得控除を受けることができます。

2 医療費控除

本人又は本人と生計を一にする配偶者やその他の親族のために医療費を支払った場合には，一定の金額の所得控除を受けることができます。

3 社会保険料控除

本人又は本人と生計を一にする配偶者やその他の親族の負担すべき社会保険料（国民年金，国民健康保険料，他）を支払った場合に受けることができます。

4 小規模企業共済等掛金控除

小規模企業共済法に規定する共済契約の掛金，確定拠出年金法に規定する個人型年金等の掛金を支払った場合に受けることができます。

5 生命保険料控除

本人が生命保険料，個人年金保険料や介護医療保険料を支払った場合には，それぞれの保険内容に関して，一定の金額の所得控除を受けることができます。

6 地震保険料控除

特定の損害保険契約等に係る地震等損害部分の保険料や掛金を支払った場合には，一定の金額の所得控除を受けることができます。

7 寄附金控除

国や地方公共団体，特定公益増進法人などに対し，「特定寄附金」を支出した場合には，所得控除を受けることができます。

8 障害者控除

本人又は配偶者や扶養親族が（所得税法上の）障害者に当てはまる場合には，一定の金額の所得控除を受けることができます。

9 寡婦（寡夫）控除

a．寡婦控除　女性が（所得税法上の）寡婦に当てはまる場合に受けられる所得控除

b．寡夫控除　男性が（所得税法上の）寡夫に当てはまる場合に受けられる所得控除

10 勤労学生控除

本人が特定の学校の学生や生徒で，給与所得などの勤労による所得があり，かつ一定の所得金額以下である場合に適用されます。

11 配偶者控除

本人と生計を一にする，合計所得金額が 38 万円以下の配偶者がいる場合に適用されます。

12 配偶者特別控除

本人と生計を一にする，合計所得金額が 38 万円超 123 万円未満の配偶者がいる場合に適用されます。本人の合計所得金額が 900 万円を超えると，控除額が段階的に少なくなっていきます。

13 扶養控除

本人と生計を一にする，年間の合計所得金額が 38 万円以下の配偶者以外の親族（6 親等内の血族及び 3 親等内の姻族で 12 月 31 日現在，16 歳以上の人）がいる場合に適用されます。

14 基礎控除

確定申告や年末調整において，本人分の控除として 38 万円が控除されます。

※　2020（平成 32）年より基礎控除が 48 万円に引き上げられますが，所得に応じて控除額が少なくなります。

SECTION
2-16 医療費控除

医療費控除とは，本人又は家族のために一定の金額の医療費を支払った場合には，確定申告において行うことで，所得税が還付される制度です。

1 医療費控除のしくみ

■ 医療費控除の対象となる医療費の要件
本人又は本人と生計を一にする配偶者やその他の親族のためにその年の1月1日から12月31日までの間に支払った医療費であること

2 医療費控除の対象となる医療費の例
a．医師又は歯科医師による診療又は治療の費用
b．治療又は療養に必要な医薬品の購入の費用
c．病院，診療所，介護老人保健施設，介護療養型医療施設などへ収容されるための人的サービスの費用
d．あん摩マッサージ指圧師，はり師，柔道整復師による施術の費用
e．保健師，看護師などに依頼した療養上の世話の費用
f．介護保険制度の下で提供された一定の施設・居宅サービスの自己負担額
g．医師等による診療等を受けるための通院費，医師等の送迎費，入院の際の部屋代や食事代の費用，コルセットなどの医療用器具等の購入代
h．医師等による診療や治療を受けるために直接必要な，松葉杖，義歯などの購入費用
i．傷病によりおおむね6か月以上寝たきりで医師の治療を受けている場合に，おむつを使う必要があると認められるときのおむつ代

2 医療費控除の計算

医療費控除の対象となる金額は，下記の算式で計算した金額（最高で200

万円）です。

> その年中に支払った医療費(①) － 保険金等(②) － 10万円又は所得金額の5％(③) ＝ 医療費控除額

① 医療費…その年の1月1日から12月31日までの間に，実際に支払った医療費であること
② 保険金等…生命保険契約などで支給される入院費給付金や健康保険などから支給される高額療養費・家族療養費・出産育児一時金などは医療費から差し引かなければなりません。
③ 10万円又は所得金額の5％…その年の総所得金額等が200万円未満の人は，総所得金額等5％の金額

3 医療費控除を受けるための手続き

医療費控除を受けるためには，「医療費控除の明細書」又は「医療費通知」を確定申告書に添付することが必要です。

なお，医療費の領収書等は，「医療費通知」を添付したものを除き，5年間保存する必要があります。

4 セルフメディケーション税制による医療費控除の特例

「セルフメディケーション税制」は，健康の維持増進及び疾病の予防への取組として一定の取組を行っている人が，特定一般用医薬品等購入費を支払った場合には，一定の金額の所得控除（医療費控除の特例）を受けることができます。

SECTION
2-17 寡婦・寡夫控除

離婚や死別など一定の条件を満たす場合には，寡婦控除又は寡夫控除を受けることができます。

1 寡婦控除

❶ 寡婦控除とは
女性の納税者が所得税法上の寡婦又は特定の寡婦に当てはまる場合に受けられる所得控除です。

❷ 寡婦控除の要件
寡婦とは，納税者本人が，原則としてその年の12月31日の現況で，次のいずれかに当てはまる人です。控除できる金額は27万円です。

a．夫と死別し，若しくは離婚してから結婚をしていない人，又は夫の生死が明らかでない一定の人で，扶養親族がいる人又は生計を一にする子がいる人です。この場合の子は，総所得金額等が38万円以下で，他の人の控除対象配偶者や扶養親族となっていない人に限られます。

b．夫と死別してから結婚していない人又は夫の生死が明らかでない一定の人で，合計所得金額が500万円以下の人です。

❸ 特定の寡婦の場合の寡婦控除
寡婦に該当する人が次の要件のすべてを満たすときは，特定の寡婦に該当し，寡婦控除の額を35万円とする特例があります。

a．夫と死別し又は離婚した後結婚していない人や夫の生死が明らかでない一定の人です。

b．扶養親族である子がいる人です。

c．合計所得金額が500万円以下であることが必要です。

2 寡夫控除

1 寡夫控除とは

男性の納税者が所得税法上の寡夫に当てはまる場合に受けられる所得控除で，控除できる金額は27万円です。

2 寡夫の要件

寡夫とは，納税者本人が原則としてその年の12月31日の現況で，次の3つの要件のすべてに当てはまる人です。

a．合計所得金額が500万円以下であること
b．妻と死別し，若しくは離婚してから結婚をしていないこと又は妻の生死が明らかでない一定の人であること
c．生計を一にする親族である子がいること

この場合の子は，総所得金額等が38万円以下で，他の人の控除対象配偶者や扶養親族になっていない人に限られます。

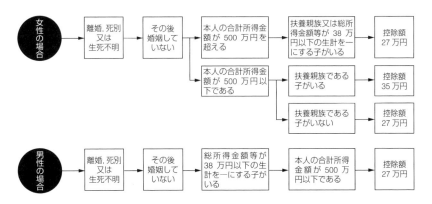

SECTION
2-18 住宅ローン控除

住宅ローン等を利用して住宅を新築・購入・増改築をし，一定期日までに居住した場合で一定の要件に当てはまるときに，その住宅ローンの年末残高の合計額を基として計算した金額を所得税額から控除することができます。

1 住宅ローン控除の適用要件

❶ 住宅を新築又は新築住宅を購入した場合

住宅を新築又は新築住宅を購入した場合で，住宅借入金等特別控除の適用を受けるためには，以下の要件のすべてに該当する必要があります。

a．新築や購入をしてから6か月以内に居住し，引き続いて住んでいること
b．住宅の床面積が50平方メートル以上であり，床面積の2分の1以上の部分が専ら自己の居住用に使用するものであること
c．この特別控除を受ける年の合計所得金額が，3,000万円以下であること
d．民間の金融機関，独立行政法人住宅金融支援機構などの住宅ローンを利用し，10年以上にわたり分割して返済する方法になっていること
e．居住の用に供した年とその前後の2年ずつの5年の間に，居住用財産を譲渡した場合の長期譲渡所得の課税の特例などを受けていないこと

❷ 中古住宅を購入した場合

中古住宅を購入した場合で，住宅借入金等特別控除の適用を受けることができるのは，以下の要件のすべてに該当する必要があります。

a．購入した中古住宅が，建築後使用されたものであること
b．マンションなどの耐火建築物の建物の一定のもの
c．取得の時に生計を一にしており，その取得後も引き続き生計を一にする親族や特別な関係のある者などからの取得でないこと
d．購入してから6か月以内に居住し，引き続いて住んでいること
e．住宅の床面積が50平方メートル以上であり，床面積の2分の1以上の

部分が専ら自己の居住用に使用するものであること
f．この特別控除を受ける年の合計所得金額が，3,000万円以下であること
g．民間の金融機関，独立行政法人住宅金融支援機構などの住宅ローンを利用し，10年以上にわたり分割して返済する方法になっていること
h．居住の用に供した年とその前後の2年ずつの5年の間に，居住用財産を譲渡した場合の長期譲渡所得の課税の特例などを受けていないこと

3 増改築等をした場合

増改築等をした場合で，住宅借入金等特別控除の適用を受けるためには，法定要件のすべてに該当する必要があります。

2 住宅借入金等特別控除の適用期間及び控除額の計算方法

居住の用に供した年	控除期間	各年の控除額の計算（控除限度額）
平成26年4月1日から 平成33年12月31日まで	10年	1〜10年目　年末残高等×1％ （40万円） 最大400万円 （注）住宅の取得等が特定取得以外の場合は20万円

※　特定取得とは，住宅にかかる消費税が8％の税率により課されるべき住宅の取得をいいます。
※　消費税率10％が適用される住宅を取得して，2019（平成31）年10月1日から2020（平成32）年12月31日までの間に居住の用に供した場合は，11〜13年目にも一定の控除があります。

3 住宅借入金等特別控除の適用を受けるための手続き

住宅借入金等特別控除の適用を受けるためには，必要書類を添付して確定申告をする必要があります。給与所得者は確定申告をした年分の翌年以降の年分については年末調整でこの適用を受けることができます。

第3章
法人税法

SECTION 3-1 法人税の納税義務者

法人税法では，法人を内国法人と外国法人に分類しています。また，法人の種類によって法人税が課税される範囲が異なるため，法人をいくつかに分類しています。
法人税は，法人の所得に対して課税されます。

1 法人税の納税義務者と課税範囲

株式会社は法人ですが，株式会社だけが法人というわけではありません。法人税法では，法人の種類によって法人税が課税される範囲が異なるため，法人をいくつかに分類しています。

◼ 内国法人・外国法人

a．内国法人

国内に本店又は主たる事務所を有する法人をいいます。国内及び国外のすべての所得が課税対象とされます。

b．外国法人

内国法人以外の法人（日本国内に本店を有しない）をいいます。国内の源泉所得についてのみ法人税が課税されます。したがって，日本国内にある外国法人は，日本国内での所得があれば納税義務が発生します。

◼ 普通法人・公共法人・公益法人・協同組合等・人格のない社団等

a．普通法人

株式会社，合名会社，合資会社，医療法人など下記以外の法人をいいます。すべての所得に対して課税されます。

b．公共法人

公共目的で設立された団体で，地方公共団体，日本放送協会，日本政策金融公庫などをいいます。法人税は課税されません。

c．公益法人

公益を目的として設立され，かつ，営利を本来の目的としない団体で，財団

法人（一般・公益・特例），社団法人（一般・公益・特例），学校法人，宗教法人，社会福祉法人などをいいます。収益事業により生じた所得のみ課税対象となります。

d．協同組合等

組合員が協同して事業を行う団体で，農業協同組合（農協），生活協同組合（生協），漁業協同組合，信用金庫などをいいます。普通法人と同様，すべての所得に対して課税されます。

e．人格のない社団等（任意団体）

代表者又は管理人の定めのある法人格のない社団又は財団をいいます。法人ではありませんが法人とみなして法人税を課税します。PTA，研究会，同窓会，学会，町内会，マンション管理組合などです。収益事業により生じた所得のみ課税対象となります。

法人税の納税義務者と課税範囲

内国法人

①公共法人	②公益法人等	③協同組合等	④人格のない社団等（任意団体）	⑤普通法人
地方公共団体，日本放送協会など	宗教法人，学校法人，社会福祉法人，日本赤十字社，財団法人，社団法人，NPO法人など	農業協同組合，漁業協同組合，消費生活協同組合，信用金庫など	PTA，同窓会，同業者団体，マンション管理組合など	①〜④以外の法人，すなわち株式会社，合名会社，合資会社，合同会社，医療法人など
納税義務なし	収益事業に対してのみ低税率課税（一般社団法人等は普通税率課税）	すべての所得に対して低税率課税	収益事業に対してのみ普通税率課税	すべての所得に対して普通税率課税

SECTION
3-2 法人税額の計算

法人税は，課税所得に税率を乗じて計算します。
課税所得は，企業会計上のルールに基づいて計算された「利益」に税務調整を行い算出されます。

1 法人税額の計算

法人税は，法人の所得に対して課税されます。具体的には，所得金額に税率を乗じて計算します。

> 法人税額 ＝ 課税所得金額 × 税率

2 企業会計上の利益と法人税法上の課税所得の違い

法人の所得にかかる法人税については，その事業年度の会計上の「利益」をもとに法人税法に従って計算されたものが「課税所得」となります。

すなわち，企業会計上では，「収益」から「費用」を差し引いたものが「利益」となりますが，法人税法では，「益金」から「損金」を差し引いたものが「所得」となります。

法人税法では，企業会計上のルールに基づいて計算された「収益」及び「費用」の範囲を，それぞれ「益金」及び「損金」という用語を用いて，税法の立場から定義しています。

これは，企業会計と税法の目的の違いにあります。企業会計では，正しい会社の業績や財務状況の報告を目的としています。一方，税法では，徴収の確保と課税の公平を目的とし，税法独自の立場から所得を計算しています。

また，法人税法では，法人税の課税所得は，企業の確定した決算に基づき算定しなければならないと規定しており，法人税の確定申告書は，企業の確定した決算に基づいて作成することとなっています。これを確定決算主義といいま

す。

3 課税所得の計算

　課税所得を計算するには，企業会計上のルールに基づいて計算された「利益」に企業会計と税法との差異を調整する必要があります。これを「税務調整」といいますが，税務調整には，法人が決算段階で調整を行わなければ認められない「決算調整」と申告段階で当期純利益に加算・減算して行う「申告調整」があります。

　したがって，課税所得は，企業会計上のルールに基づいて計算された「利益」に税務調整を行い算出されます。

■ 企業会計上の利益と法人税法上の課税所得の違い

利益……企業会計上での儲け。損益計算書に計上されている利益です。
所得……法人税法上での儲け。損益計算書に計上されている利益をもとに法人税法に従って計算されたものです。
※　会計上の利益と法人税法上の所得は原則として一致しません。

$$\boxed{利益 = 収益 - 費用} \quad \boxed{所得 = 益金 - 損金}$$

■ 課税所得の範囲と税率

適用対象法人	所得金額	2018（平成30）年4月1日以後開始事業年度
中小法人	年800万円以下	19％（15％）
	年800万円超	23.2％
中小法人以外の普通法人	—	23.2％
一定の公益法人等	年800万円以下	19％（15％）
	年800万円超	19％

※　中小法人とは，期末資本金の額が1億円以下の法人をいいます。
※　上記とは別に，地方法人税4.4％が上乗せされます。
※　表中のかっこ書きの税率は，2021（平成33）年3月31日までの間に開始する事業年度について適用されます。

SECTION 3-3 益金と損金

「収益」と「益金」,「費用・損失」と「損金」は類似していますが,それぞれの範囲が一致しない項目が生じます。そのため,法人税の申告書(別表四)上でこの一致しない項目を加算・減算(申告調整)して所得金額を算出します。

1 法人税の課税所得

法人税法では,課税所得金額は各事業年度の益金の額から損金の額を控除した金額とすると規定しています。

$$課税所得金額 \ = \ 益金の額 \ - \ 損金の額$$

2 益金とは

益金とは,別段の定めがあるもの及び資本等取引を除き,次のような取引にかかる収益の額をいいます。別段の定めとは,課税の公平と租税政策上の理由から法人税法及び租税特別措置法により規定されているものをいいます。

① 資産の販売
② 有償又は無償による資産の譲渡
③ 有償又は無償による役務の提供
④ 無償による資産の譲受け

3 損金とは

損金とは,別段の定めがあるものを除き,次のような取引をいいます。

① 収益に係る売上原価,完成工事原価等
② 販売費,一般管理費その他の費用
③ 損失の額(資本等取引を除くもの)

4 利益と所得の調整項目

収益と益金,費用・損失と損金は類似していますが,それぞれの範囲が一致しない項目が生じます。この一致しない項目を加算・減算(申告調整)して所得金額を算出します。

加算項目には損金不算入項目及び益金算入項目があり,減算項目には益金不算入項目及び損金算入項目があります。

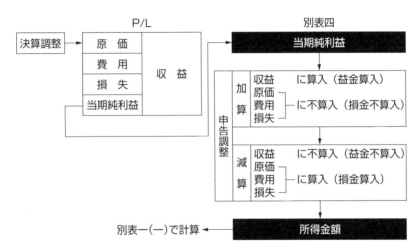

	項　目	内　容	具体例
加算項目	損金不算入項目	会計上は費用として計上しているが,法人税法上は損金にならないものとして利益に加算する	交際費,寄附金,減価償却限度超過額,法人税等など
	益金算入項目	会計上は収益として計上していないが,法人税法上は益金として利益に加算する	無償又は低廉譲渡による受贈益,売上計上もれなど
減算項目	益金不算入項目	会計上は収益として計上しているが,法人税法上は益金にならないものとして利益から減算する	受取配当金,還付法人税等など
	損金算入項目	会計上は費用として計上していないが,法人税法上は損金になるものとして利益から減算する	繰越欠損金など

第3章　法人税法

SECTION
3-4 収益の計上

収益は，資産の販売等によるものについてはその目的物の引渡し日，役務提供によるものについては，その役務提供の日に，それぞれその時点の時価により計上することとされています。

1 収益の計上時期

収益（売上）をいつ計上するかで，各事業年度の収益，所得が変わってきます。収益認識に関する会計基準の公表を受けて行われた平成30年度の法人税改正により，引渡基準と役務提供日基準を原則とする旨が法令上明確化されています。

■ 資産の販売

原則として引渡しがあった日の属する事業年度の益金の額に算入します。ただし，引渡し日に「近接する日」をその引渡しの日として継続して収益計上を行っている場合には，それも認められることとされています。

ａ．棚卸資産
（1） 出荷基準
　商品が相手に対して自社倉庫から出荷された時点で売上実現の日とするもの。
（2） 検収基準
　相手方が届いた商品の数量や品質をチェック（検収）し，検収合格が出た時点で，売上実現の日とするもの。

ｂ．固定資産
（1） 使用収益開始基準
　土地，建物等の不動産の販売の際に，販売先で使用が可能になった日を売上実現の日とするもの。
（2） 契約日基準
　土地，建物等の不動産の契約がなされた日を売上実現の日とするもの

※　商品等の棚卸資産と異なり，土地，建物等の取引ごとに売上計上基準の判断ができます。

❷ 役務の提供に係る収益

　原則として役務提供の日の属する事業年度の益金の額に算入します。ただし，履行義務が一定の期間にわたって充足されるものについては，履行義務が充足されていくそれぞれの日の属する事業年度の益金の額に算入されるとされています。

　　※履行義務が一定の期間にわたり充足されるものの例
　　　清掃サービス等の日常的又は反復的なサービス
　　　一定の基準を満たす工事契約
　　　契約上完了した部分について代金を支払うことになるコンサルティング契約

2　益金の額に算入する金額

　平成30年の法人税改正により，販売した資産の引渡し時の価額，又は提供した役務につき通常得るべき対価の額に相当する金額，と譲渡資産，提供する役務の時価によることが法令上明確化されています。そのため，下記のような場合等には一定の調整が必要となります。

❶ ポイントを付与した場合

　商品販売時に一定の自社ポイントを付与した場合には，商品とポイントに対価の額を按分し，販売時には商品分の対価の額のみ収益として計上します。その後，ポイントが消費された際にポイント分の対価の額を収益として計上します。

❷ 対価に利息が含まれると考えられる場合

　商品を引渡した後，代金は二年後に支払う等対価の額に利息が含まれている場合があります。利息が含まれると考えられる場合には，商品引渡し時には二年間の利息を差し引いた商品の対価の額のみ収益として認識します。その後，二年間で利息として残りの対価の額を収益として認識していきます。

SECTION 3-5 同族会社

少数株主から構成されている会社には，恣意的な経理操作が行われやすいため，これら同族会社には，行為計算の否認規定，留保金課税，みなし役員など同族会社に対する特別な課税の規定があります。

1 同族会社の概要

わが国の企業の90％以上は資本金が5億円以下の中小企業といわれており，その大半は同族会社と考えられます。

同族会社とは，会社法で規定されているものではなく，法人税法特有の概念です。同族会社とされる法人形態は，株主と経営者が同一である場合が多く，少数の株主によって構成されているため，不特定多数の株主から構成されている大企業と比べて，通常ではなしえないような取引が行われやすくなると考えられています。

そこで，法人税法では，少数の株主によって構成されている会社を同族会社とし，租税回避防止の観点から，同族会社に対する特別な規定を設けています。

2 同族会社とは

同族会社とは，株主の持株数の多い順に3位までが有する持株と，その株主の同族関係者の持株につき，その持株数の合計が発行済株式の50％超を所有している会社をいいます。

つまり，その会社の株主等の1人とその同族関係者と合わせて1つのグループとし，3つ以下の持分割合が50％超となる場合には，同族会社に該当します。

3 主な同族会社に対する特別な規定とは

■1 同族会社の行為計算の否認規定

　同族会社は，恣意的な経理操作が行われやすいため，通常なしえない行為や計算によって法人税の負担を不当に減少させていると認められる場合には，その行為や計算を否認して税額を計算することができるとされています。

■2 特定同族会社の留保金課税

　同族会社では，利益を内部に留保して，株主の所得税を回避する傾向が強いため，一定額を超えて所得を内部留保した場合には，通常の法人税の他に特別の法人税を加算するとされています。

同族会社と同族会社に対する特別な規定の関係

- 同族会社
  - ▶上位3株主グループで発行済株式等の50％超を所有
  - ▶適用規定
    - ・同族会社の行為計算の否認規定
    - ・みなし役員・使用人兼務役員の範囲の制限
  - 特定同族会社
    - ▶上位1株主グループだけで発行済株式等の50％超を所有
    - ▶適用規定
      - ・留保金課税（資本金1億円超）

SECTION
3-6 棚卸資産

　棚卸資産は，売上原価の計算に影響を及ぼすことから，棚卸資産の取得価額の算定と棚卸資産の評価が重要となります。
　棚卸資産の評価方法には，原価法と低価法があり，原価法は6つの評価方法に分類されます。

1 棚卸資産の評価の概要

　当期の売上高に対応する売上原価は，一般的に次の算式により算定されます。

> 売上原価 ＝ 期首棚卸高 ＋ 当期仕入高 － 期末棚卸高

　すなわち，売上原価を算定するには，「期首棚卸高」と「当期仕入高」は期末に確定しているため，「期末棚卸高」が重要となります。そのため，棚卸資産の取得価額の算定及び期末棚卸資産の評価を正確に行う必要があります。

2 棚卸資産とは

　棚卸資産とは，事業での販売目的で保有・製造中の財貨又は用益などの棚卸しを行うべきもので，以下に掲げる資産をいいます。
① 商品又は製品，半製品，仕掛品，原材料，消耗品で貯蔵中のもの
② 上記の資産に準ずるもの

3 棚卸資産の取得価額

　棚卸資産を購入した場合の取得価額は，次の算式により算定されます。

> 棚卸資産の取得価額 ＝ 購入代価（製造原価）＋ 附随費用

購入代価 ┫ 仕入先に支払った代金
　　　　　 取得のために直接要した費用
　　　　　 (引取運賃，購入手数料，運送保険料，関税他)

附随費用 ┫ 検査・整理・選別・手入れ等に要した費用
　　　　　 販売所から販売所への移送に要した運賃・荷造費用
　　　　　 (附随費用の合計額が購入代価のおおむね3％以内である場合は取得価額に含めなくてもよい)

4 棚卸資産の評価方法

棚卸資産の評価方法には，原則として，原価法と低価法の2つが定められています。原価法は，さらに6つの評価方法に分類されます。

1 原価法

原価法とは，期末棚卸資産を取得原価で評価する方法をいいます。

原価法の種類	評価単位	期末棚卸資産の評価方法
ⓐ 個別法	個々の棚卸資産	個々の取得価額で評価
ⓑ 先入先出法	種類等（種類，品質，型）の異なる棚卸資産ごと	最後に取得したものから期末に残っているとして評価
ⓒ 総平均法		期中平均単価で評価
ⓓ 移動平均法		仕入れるごとに平均単価を改定し，期末に最も近い日に改定された平均単価で評価
ⓔ 最終仕入原価法		期末に最も近いときの仕入単価で評価
ⓕ 売価還元法	種類等，通常の差益率の異なる棚卸資産ごと	期末棚卸資産の販売価額の総額に，原価率を乗じて計算した金額で評価

2 低価法

低価法とは，原価法のいずれかの方法により算定された評価額とその棚卸資産の期末時価とのいずれか低い価額を期末評価額とする方法をいいます。

SECTION
3-7 減価償却

　資産の取得に要した価額（取得価額）は，取得した事業年度で一度に費用処理するのではなく，一定の期間（耐用年数）にわたって一定の方法で費用配分していきます。この手続きを減価償却といいます。

1 減価償却資産

　減価償却資産とは，固定資産のうち，使用や時の経過によって価値の減少するものをいい，価値の減少しないものは非減価償却資産となります。
　税法上，減価償却資産は次のようなものがあります。

減価償却資産			非減価償却資産
有形減価償却資産	無形減価償却資産	生　　物	
建物及びその附属設備，構築物，機械及び装置，船舶，航空機，車両及び運搬具，工具，器具及び備品	鉱業権，漁業権，特許権，実用新案権，商標権，ソフトウェア，営業権　など	牛，馬，豚，綿羊，やぎ，かんきつ樹，茶樹　など	土地，土地の上に存する権利（借地権など），電話加入権，書画骨とう品，著作権　など

2 減価償却資産の取得価額

　減価償却計算の基となる取得価額は，取得の態様により異なりますが，①購入・自己製造に直接要した費用と②使用するまでに直接要した費用の合計額となります。

取得の様態	取得価額に含める費用		取得価額に含めないことができる費用
	① 購入・自己製造に直接要した費用	② 使用するまでに直接要した費用	
購入した場合	購入対価，引取運賃，購入手数料，関税等	機械の据付費，試運転費等	不動産取得税，登録免許税等の税金，自動車保険料，借入金利子等
自己で建設・製造等した場合	建設・製造等に要した材料費，労務費，経費		

3 減価償却費の計算と償却方法

減価償却費の計算は，①取得価額，②耐用年数，③償却方法の3つの要素により計算され，1円（備忘価額）まで減価償却することができます。償却方法は，資産の種類に応じて法定されており，主に次のようなものがあります。

① 定額法……各期間の償却費用を定額で計上する方法
② 定率法……減価償却費が毎期間一定の割合で減少する処理方法
③ 生産高比例法……生産高に応じて償却費を計上する方法
④ リース期間定額法……リース期間を償却期間として，リース資産について定額の減価償却費を計上する方法

4 償却費の損金算入

償却費として費用計上した金額のうち，償却限度額に達するまでの金額を損金に算入することができます。所得税法においては強制償却，法人税法においては任意償却とされています。

5 減価償却の特例

減価償却資産は，原則として，その使用可能期間が1年未満のもの又はその取得価額が少額（10万円未満）のものを除き，法定の償却手続により損金に算入されます。なお，取得価額30万円未満の減価償却資産については，以下のような取扱いを選択することができます。

	10万円未満	10万円以上 20万円未満	20万円以上 30万円未満	30万円以上
少額減価償却資産	全額損金算入	減価償却		
一括償却資産	全額損金算入	3年間で均等償却	減価償却	
中小企業者等の少額減価償却資産の特例※	全額損金算入（備忘価額0円）			減価償却

※ 資本金1億円以下の法人をいいます。2020（平成32）年3月31日まで延長になっています。

SECTION

3-8 資本的支出

資本的支出とは，既存の減価償却資産の使用可能期間を延長させたり，又はその資産の価値を増加させたりするために支出した価額をいいます。税務上では，資本的支出と修繕費との区分が重要な問題となります。

1 修繕費と資本的支出の処理

固定資産の修理，改良等のために支出した金額のうち，その固定資産の維持管理や原状回復のために支出する金額は，修繕費として損金に算入されます。

ただし，その修理，改良等が固定資産の使用可能期間を延長させたり，価値を増加させるものである場合は，その延長及び増加させる部分に対応する金額は，修繕費とはならず，資本的支出として固定資産の取得価額に加算されることになります。

この課税上の取扱いが異なることから，税務上では資本的支出と修繕費との区分が重要な問題となります。

	修 繕 費	資本的支出
支出の内容	その支出が経常的な補修や維持のためのものである価額	その資産の使用可能期間を延長させる部分の価額 その資産の価額を増加させる部分の価額
処理方法	その事業年度で一時の損金算入する	一時の損金算入を認めず，新たな資産の取得価額として資産計上し，減価償却費の計算をする

2 修繕費と資本的支出の区分の具体例

　固定資産を取得し，これを維持し続けるにはさまざまな修繕が必要となってきますが，それらの費用を態様別に分類すると，大まかに次の3つに区分されます。

　① 維持費…固定資産の点検，管理，清掃等その固定資産を常に使用可能な状態にしておくための費用
　② 補修費…通常の使用において固定資産の減耗等を原因とし，き損した固定資産を原状に回復するための費用
　③ 改良費…固定資産の用途変更や形状の変更等により，その固定資産の使用可能期間を延長させ，又は価値を増加させるための費用

　すなわち，固定資産の修理，改良等のために支出した費用が，上記のどの費用に分類されるかによって，資本的支出となるか修繕費となるかの重要な判断ポイントとなります。

修　繕　費	資本的支出
○建物の塗装の塗り直し費用 ○災害により損壊した建物の原状回復費用 ○機械装置の移設に要した費用	○建物への避難階段の取付けなど，物理的に付加した部分にかかる費用 ○用途変更のための模様替えなど，改造又は改装に直接要した費用

SECTION
3-9 役員給与

役員は，会社の経営に従事している者であるから，役員本人に支払う給与に恣意的な要素が入る恐れから，法人税法上，役員に支払う給与について損金算入額に制限を設けています。

1 法人税法上の役員の範囲

通常，役員とは，会社法等で規定されている役員をいいます。しかし，税務の取扱いでは，お手盛り防止という趣旨から「みなし役員」の規定が設けられており，税法上の役員の範囲は，会社法上の役員の範囲よりも広くなっています。

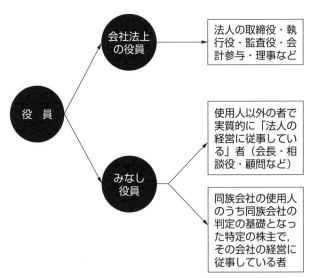

2 役員給与の損金算入規制

法人がその役員に対して支給する給与のうち，次の❶から❸までに掲げる給与のいずれにも該当しないものの額は損金の額に算入されません。

❶ 定期同額給与

支給時期が1か月以下の一定の期間ごとであり，かつ，当該事業年度の各支給時期における支給額が同額である給与，その他これに準ずる給与をいいます。

❷ 事前確定届出給与

その役員の職務につき所定の時期に確定額を支給する旨の定めに基づいて支給する給与で，納税地の所轄税務署長にその定めの内容に関する届出をしているものをいいます。

❸ 業績連動給与

同族会社に該当しない法人が業務を執行する役員に対して支給する業績連動型給与をいいます。

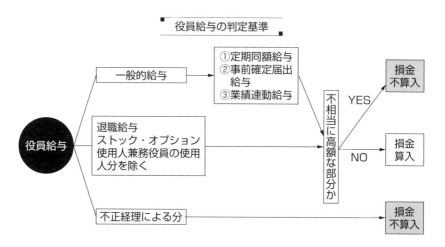

SECTION
3-10 交際費等

交際費等とは,交際費,接待費,機密費その他の費用で,法人が,その得意先,仕入先その他事業に関係のある者等に対する接待,供応,慰安,贈答その他これらに類する行為(以下「接待等」といいます)のために支出する費用をいいます。

1 交際費等課税制度の趣旨

法人が支出した交際費等であっても,これを損金として認めないことにより,その支出を抑制して冗費の節約を図るという政策上の目的から,交際費等の損金不算入について租税特別措置法で規定しています。

2 交際費等の範囲

法人税法上の交際費等の範囲は,社会通念上の交際費の概念より幅広くなっています。

要件	内容
支出の目的	事業に関係ある者との親睦の度を密にして,取引関係の円滑な進行を図ること
支出の相手先	得意先,仕入先,その他事業に関係ある者で,不特定多数の者は含まないが,具体的には次の者を含む ・間接的な法人の利害関係者(法人の役員,従業員,株主等) ・近い将来関係を持つにいたる者
行為の形態	接待,供応,慰安,贈答その他これらに類する行為をいい,広く企業活動における交際を目的とするもの ・接待のために要したタクシー代等も含まれる

3 交際費等から除かれ，損金に算入される費用

福利厚生費	専ら従業員の慰安のために行われる運動会，演芸会，旅行等のために通常要する費用
飲食費	飲食その他これに類する行為のために要する費用 1人当たりの金額が5,000円以下であれば交際費から除外されます。 ※飲食年月日・参加者氏名・参加人数・支払先の名称等を書類上に記載し保存しなければなりません。
広告宣伝費	カレンダー，手帳，扇子，うちわ，手ぬぐいその他のこれらに類する物品を贈与するために通常要する費用
会議費	会議に関連して，茶菓，弁当その他これらに類する飲食物を供与するために通常要する費用
取材費	新聞，雑誌等の出版物又は放送番組を編集するために行われる座談会その他記事の収集のために，又は放送のための取材に通常要する費用

4 交際費等の損金不算入額の計算方法

　法人が支出した交際費等の額は，原則として損金の額に算入されませんが，例外として資本金1億円以下の法人については，一定額が控除されます。

原則	期末の資本の金額1億円超の法人	支出交際費等の額が全額損金不算入	
例外	期末の資本の金額1億円以下の法人の場合	支出交際費等の額800万円×月数/12以下の場合	全額損金不算入
		支出交際費等の額800万円×月数/12超の場合	支出交際費等の額－800万円×月数/12＝損金不算入額

※　平成26年4月1日以降に開始する事業年度より，資本金1億円超の法人は，飲食費として支出する交際費等の50％を損金に算入することができるようになりました。また，資本金1億円以下の法人は，800万円までの定額控除と飲食費として支出する交際費の50％損金算入の選択適用となります。
　なお，どちらの特例も，2020（平成32）年3月31日まで延長になっています。

SECTION
3-11 寄附金

法人税法上の寄附金は，社会通念上の寄附金の概念よりその範囲は広くなっています。

1 寄附金の範囲

法人税法上の寄附金は，寄附金，拠出金，見舞金その他いずれの名義をもってするかを問わず，法人が金銭その他の資産又は経済的な利益の贈与又は無償の供与をした場合におけるその金銭の額をいいます。

これらの名義の支出であっても交際費等，広告宣伝費，福利厚生費などとされるものは寄附金から除かれます。

事業に直接関係のない者に対する金銭贈与は，原則として寄附金になります。社会事業団体，政治団体に対する拠金，神社の祭礼等の寄贈金などがこれに当たります。

取引形態		取扱い	
寄附金・拠出金・見舞金その他名義を問わず金銭その他の資産経済的利益の額	ⓐ贈与・無償の供与	金銭の額 贈与供与の時の時価で評価した額	寄附金
	ⓑ低廉譲渡	譲渡時の時価と譲渡価額との差額	

2 寄附金の支出先による区分

1 一般の寄附金

一般の寄附金の損金算入限度額の計算は，期末の資本金等の額を基にした資本金基準額と当期の所得の金額を基にした所得基準額で次の算式により行い，この限度額を超える部分の金額は損金の額に算入されません。

$$\text{期末資本等の金額} \times \frac{\text{当期の月数}}{12} \times \frac{2.5}{1,000} = \text{資本金基準額}$$

$$\text{当期の所得の金額} \times \frac{2.5}{100} = \text{所得基準額}$$

$$[\text{資本金基準額} + \text{所得基準額}] \times \frac{1}{2} = \text{損金算入限度額}$$

2 国や地方公共団体に対する寄附金

損金算入限度額に関係なく金額が損金算入されます。

支出額の全額 = 損金算入限度額

平成28年度税制改正により,企業版ふるさと納税が創設されました。

3 指定寄附金(公益増進のためとして財務大臣が指定するもの)

損金算入限度額に関係なく全額が損金に算入されます。

支出額の全額 = 損金算入限度額

4 特定公益増進法人等に対する寄附金(公共法人・公益法人の中から公益増進のためとして指定されたもの)

①の一般的な寄附金における損金算入限度額が①とは別枠で認められる
= 損金算入限度額

	寄附金の区分	取扱い
①	一般の寄附金	資本金等と所得の金額に基づいて計算した限度額まで損金算入
②	国又は地方公共団体に対する寄附金	全額損金算入
③	指定寄附金(公益の増進に寄与するものとして財務大臣が指定する寄附金)	全額損金算入
④	特定公益増進法人(公共法人,公益法人などのうち公益の増進に寄与すると認められる法人)及び認定NPO法人に対する寄附金	①と同額の限度額が,①とは別枠で認められます。

SECTION
3-12 貸倒損失

　法人の有する金銭債権について，一定の事実が発生した場合には，その金銭債権の額のうち全部又は一部の金額は，その事実が発生した日の属する事業年度において，貸倒れとして損金の額に算入することが認められています。

1 貸倒損失とは

　法人の有する金銭債権が，債務者の資力喪失等により回収できなくなった場合には，その債権額を貸倒損失として貸倒れとなった日の事業年度の損金に算入します。

2 貸倒損失が法人税法上認められる場合

　貸倒れ計上の時期の判断について，法令に明確な規定がないため，事実認定において納税者と課税庁との間で争いが生じることが多々あります。そのため，課税実務では，法人税基本通達により，次のような一定の事実が生じた日の属する事業年度において損金算入を認めています。

　※　金銭債権の回収が滞っているだけの状態で貸倒れ処理した場合には，贈与（寄附）として取り扱われてしまうおそれがあります。

3 貸倒れ処理の時期

❶ 法律上の貸倒れ
　その事実が生じた事業年度の損金の額に算入されます。
❷ 事実上の貸倒れ
　それが明らかになった事業年度において貸倒れとして損金経理したときとなります。

　なお，担保物がある場合は，その担保物を処分した後でなければ損金経理はできません。また，保証債務については，現実に履行した後でなければ貸倒れ

の対象とすることはできません。
3 形式上の貸倒れ

その債務者に対する売掛債権について，その売掛債権の額から備忘価額（1円以上）を控除した残額を貸倒れとして損金経理をしたときとなります。

なお，貸付金などは対象となりません。

区　分	形　態	事実と処理金額
①法律上の貸倒れ （法基通9-6-1）	金銭債権の全部又は一部を切り捨てた場合	a．金銭債権のうち会社更生法等の法令の規定や関係者の協議決定等により切り捨てられることとなった金額 b．債務者の債務超過の状態が相当期間継続し，金銭債権の弁済を受けることができない場合に，その債務者に対し書面により債務免除をした金額
②事実上の貸倒れ （法基通9-6-2）	回収不能の場合	債務者の資産状況，支払能力等からみて金銭債権の全額が回収できないことが明らかになった場合の，その債権の全額を貸倒れとして損金経理した金額
③形式上の貸倒れ （法基通9-6-3）	一定期間取引停止後弁済がない場合等	債務者との取引を停止した時以後1年を経過した場合等の，その債務者に対して有する売掛債権（備忘価額を控除した後の金額）を損金経理した金額

SECTION
3-13 貸倒引当金

税法上の引当金としては，貸倒引当金のみ認められています。

1 貸倒引当金制度

　法人の有する金銭債権の貸倒れによる損失見込額として損金経理により繰り入れた貸倒引当金のうち，繰入限度額の金額が損金に算入されます。

　繰入限度額は，個別評価金銭債権と，一括評価金銭債権に区分し，それぞれ計算します。

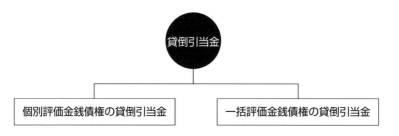

2 貸倒引当金制度の適用法人

① 中小法人等
② 銀行，保険会社その他これらに準ずる法人
③ 売買があったものとされるリース資産の対価の額に係る金銭債権を有する法人等（上記①又は②に該当する法人を除く）

3 個別評価金銭債権に係る貸倒引当金

❶ 個別評価金銭債権

　その事業年度終了の時において，その一部について「貸倒れその他これに類する事由」による損失が見込まれる金銭債権をいいます。

「貸倒れその他これに類する事由」には売掛金，貸付金その他これらに類する金銭債権の貸倒れのほかに，保証金や前渡金等について返還請求した場合の返還請求権が回収不能となった金額も含まれます。

❷ 個別評価金銭債権に係る貸倒引当金の繰入限度額

個別評価金銭債権は次表のように区分され，それぞれについて損失の見込額の計算方法が定められています。

繰入限度額は個々の債務者ごとに計算します。

個別評価金銭債権の区分

①	長期棚上げ債権	特定の事由が生じ年度終了の日の翌日から5年間の弁済予定金額で次の事由が生じた場合 a．会社更生法等→更生計画認可の決定 b．民事再生法等→再生計画認可の決定 c．債権者集会の決定等
②	実質的に回収不能が見込まれる債権	上記①を除く金銭債権の債務者の債務超過が相当期間継続してその事業に好転の見通しがなく，回収の見込みがない金額
③	形式要件が生じた債権	次の事由が生じた場合に，債権金額の50％に相当する金額 a．会社更生法等→更生手続開始の申立て b．民事再生法等→再生手続開始の申立て c．破産法→破産手続開始の申立て d．手形交換所→取引停止処分（手形の不渡り）

4 一括評価金銭債権に係る貸倒引当金

❶ 一括評価金銭債権

売掛金，貸付金その他これらに準ずる金銭債権で，貸倒れによる損失が見込まれる金銭債権をいいます。

❷ 一括評価金銭債権に係る貸倒引当金の繰入限度額

一括評価金銭債権の繰入限度額は，事業年度終了の日における金銭債権に貸倒実績率を乗じて計算します。

資本金1億円以下の中小法人については，法定繰入率と貸倒実績率との選択適用が認められています。

SECTION
3-14 使途秘匿金課税

使途秘匿金とは，法人がした金銭の支出のうち，相当の理由がなく，その相手方の氏名（名称），住所（所在地）及びその事由を帳簿書類に記載していないものです。

1 使途秘匿金の意義

法人による使途不明金が不正資金の温床になっているという社会的批判を踏まえて，使途不明金の抑制を法人税法の改正で実現するために，「使途秘匿金課税」が平成6年に創設されました。

法人が「使途秘匿金」を支出したときは，法人税に加えて，その使途秘匿金支出額に対して40％の追加課税がされます。

2 適用対象

法人税の納税義務者，すなわち普通法人・協同組合等が適用対象となります。

3 使途秘匿金から除外されるもの

❶ 相当の理由が認められる場合

不特定多数との取引の性質上，帳簿書類に相手先の住所や氏名が記載されていないことが当然である場合です。

具体例

手帳，カレンダー等の広告宣伝用物品の贈与，チップ等の小口の謝金。

❷ 取引の対価として相当であると認められる場合

「資産の譲受けその他の取引の対価の支払いとしてされたもの」であって，その対価の額が相当であると認められる場合です。

具体例

商品の仕入れ等，対価性が明確な支出。

4 使途不明金との違い

　使途不明金とは，法人が支出した金銭でその使途が明らかでないもの，または，法人が使途を明らかにしないものをいいます。

　法人税の課税上の差異は，以下のようになります。

　　使途不明金　→　損金に算入されず所得に課税される

　　使途秘匿金　→　全額損金不算入　＋　支出額の40％の追加課税

　※　地方税の負担を合わせると，支出額とほぼ同額の税金となります。

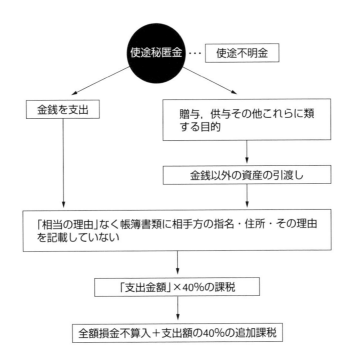

SECTION

3-15 リース取引

リース取引には，オペレーティング・リース取引，所有権移転ファイナンス・リース取引，所有権移転外ファイナンス・リース取引があります。

1 リース取引の種類

リース取引は，リース取引に関する会計基準（リース会計基準）により，次のように分類されます。

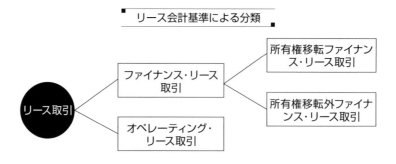

リース会計基準による分類

2 ファイナンス・リース取引

ファイナンス・リース取引とは，リース契約に基づくリース期間の中途において契約を解除することができないリース取引又はこれに準ずるリース取引で，借手が，リース物件からもたらされる経済的利益を実質的に享受することができ，かつ，そのリース物件の使用に伴って生じるコストを実質的に負担するリース取引をいいます。すなわち，中途解約不能で，かつ，借手がリース資産による経済的利益を享受し，修繕，保守，管理などのコストを負担（フルペイアウト）する取引をいいます。

■ 所有権移転ファイナンス・リース取引

ファイナンス・リース取引のうち，リース契約上の諸条件に照らして，リー

ス期間終了後などにリース物件の所有権が借手に移転する取引をいいます。
2 所有権移転外ファイナンス・リース取引
　上記の取引に対して，所有権移転外ファイナンス・リース取引は，リース期間終了後などにリース物件の所有権が借手に移転しない取引をいいます。

3 オペレーティング・リース取引

　オペレーティング・リースとは，ファイナンス・リース取引以外のリース取引をいいます。すなわち，中途解約が可能で，かつ，リース資産にかかるコストを原則として貸手のリース会社が負担する取引をいいます。
　具体的には，パソコン，複写機，自動車，建築機械などの汎用性があり，かつ，中古市場が比較的整備されている物件が対象で，通常，レンタル，賃貸借と呼ばれています。

4 法人税法上のリース取引

　リースは基本的には賃貸借取引であるため，リース料は，通常，費用として損金の額に算入されます。しかし，法人税法では，法形式上は賃貸借取引であっても，その実態が売買取引であるなど実質的に取引が異なる場合には，その実態に即した取扱いを行います。
　法人税法上のリース取引とは，資産の賃貸借（土地の賃貸借等を除く）で，次の要件を満たすものをいいます。
　① 賃貸借期間中の中途において契約の解除をすることができないもの又はこれに準ずるもの（＝中途解約不能）
　② 賃借人が賃貸借資産からもたらされる経済的利益を実質的に享受することができ，かつ，賃貸借資産の使用に伴って生ずる費用を実質的に負担すべきこととされているもの（＝フルペイアウト）
　法人税法では，ファイナンス・リース取引のみをリース取引として定義しています。したがって，オペレーティング・リース取引は，税務上のリース取引には該当せず，単なる賃貸借取引として取り扱われます。

SECTION
3-16 欠損金

　欠損金とは，事業年度の所得金額がマイナスとなった場合などに生じた損失を指します。こうした欠損金は，一定の要件を満たすとき，「繰越控除」や「繰戻還付」を受けることができます。

1 欠損金の繰越控除

　会社の各事業年度の計算上，所得金額についてマイナスが生じた場合，当該マイナス金額について平成20年4月1日以降に終了した事業年度においては最長10年間繰越を行い，将来生じた所得金額のプラス分と通算（欠損金の繰越控除）することができます。複数の事業年度に欠損金が生じている場合には，古い事業年度に生じた事業年度のものから順次控除します。

　なお，資本金1億円超の法人（一定の法人を除く）については，欠損金控除限度額が段階的に縮減されています。

(例)	欠損年度	1年目	2年目	3年目	繰越損失額累計
	1年目	△100			△100
	2年目		△50		△150
	3年目			+70 (0)	△80

2 欠損金の種類

❶ 青色申告書を提出した事業年度の欠損金
　各事業年度において生じた，通常の欠損金額がある場合，その欠損金額を各事業年度の損金の額に算入することができます。

❷ 災害による欠損金
　棚卸資産，固定資産又は固定資産に準ずる繰延資産について，災害によって生じた損失がある場合，その損失に相当する金額を，各事業年度の損金の額に算入することができます。

3 会社更生等による債務免除等があった場合の欠損金

　内国法人について会社更生法等の規定による更生手続開始の決定があった場合の損失は，その損失に相当する金額を，各事業年度の損金の額に算入することができます。

3 欠損金の繰戻還付

　青色申告の承認を受けた会社の所得金額について，各事業年度の所得金額がマイナスになった場合，それらマイナスの所得金額を前年度の所得金額と通算し，納め過ぎになっている法人税の税額の還付（欠損金の繰戻還付）を行うことができます。

　※　現在は適用が停止されています。

1 適用要件
　　a．前事業年度から欠損事業年度まで引き続き青色申告書を提出している
　　b．欠損事業年度の確定申告書を期限内に提出している
　　c．繰戻還付の請求書をb．と同時に提出している

2 中小法人等で適用を受けられる場合
　　a．青色申告の承認を受けている設立5年以内の中小企業者
　　b．会社に解散等の事実が生じ，解散事業年度又はその前年の事業年度において欠損金が生じた場合

　　※　平成21年2月1日以降に終了する事業年度から，青色申告の承認を受けている会社で，中小法人等は，欠損金の繰戻還付の適用を受けることができます。

3 還付請求のできる金額

$$前事業年度の法人税額 \times \frac{欠損事業年度の欠損金額}{前事業年度の所得金額}$$

SECTION
3-17 租税公課

　法人税法においては，法人が納付する租税公課には，「損金に算入されるもの」と，「損金に算入されないもの」があります。

1 損金の額に算入されないものと算入されるもの

　会社は，国や地方公共団体に対し，さまざまな名目の税金を納めています。こうした，税金も損金として損金算入となるものと，損金不算入となるものとがあります。

■ 損金の額に算入されないもの（損金不算入）
① 法人税
② 都道府県民税及び市町村民税の本税
③ 加算税及び加算金
④ 延滞税及び延滞金（地方税の納期限の延長に係る延滞金は除きます）
⑤ 過怠税
⑥ 罰金及び科料（外国又は外国の地方公共団体が課する罰金又は科料に相当するものを含みます）
⑦ 過料
⑧ 法人税額から控除する所得税及び外国法人税

■ 損金に算入されるもの（損金算入）
① 事業税・地方法人特別税
② 酒税
③ 事業所税
④ 不動産取得税
⑤ 自動車税
⑥ 固定資産税

⑦　都市計画税
⑧　ゴルフ場利用税
⑨　軽油引取税
⑩　国税の利子税
⑪　地方税の納期限の延長に係る延滞金

2 損金の額に算入される租税公課の損金算入時期

種　　　類	納税方式	損金算入時期
事業税，酒税，事業所税	申告納税方式	納税申告書を提出した事業年度
	更正又は決定	更正又は決定のあった事業年度
不動産取得税，自動車税，固定資産税，都市計画税	賦課課税方式	賦課課税決定のあった事業年度
ゴルフ場利用税，軽油引取税	特別徴収方式	納入申告書を提出した事業年度
	更正又は決定	更正又は決定のあった事業年度
国税の利子税	納付	納付した事業年度
地方税の納期限の延長に係る延滞金		

3 罰金等の損金不算入制度の趣旨

　法人が，罰金，科料又は過料，課徴金等を支払い費用として計上している場合，損金に算入されません。なぜならば，罰金等の経済的負担は，違法行為に対する制裁や，不正取引の抑止を目的としているからです。もし，罰金等として支払った費用について，損金算入を認めれば，その納付すべき法人税額等が減少することになり，法人の違法行為に対する制裁効果が失われてしまうからです。例えば，業務上の交通違反などの反則金や，不正取引の際の課徴金などを経理処理上費用としていても，法人税の計算においては，損金になりません。

SECTION 3-18 繰延資産

法人税法においては，繰延資産を「法人が支出する費用のうち，支出の効果がその支出の日以降1年以上に及ぶもの」と規定し，「創立費，開業費，開発費，株式交付費（新株予約権を含む），社債等発行費，税法独自の繰延資産」の6つが規定されています。

法人税法における繰延資産は，「任意償却の繰延資産」と「均等償却の繰延資産」に分けることができます。

1 任意償却の繰延資産

1 主な内容

a．創立費……発起人に支払う報酬，設立登記のために支出する登録免許税その他法人の設立に支出する費用

b．開業費……法人の設立後事業を開始するまでの間に開業準備のために特別に支出する費用

c．開発費……新たな技術若しくは新たな経営組織の採用，資源の開発又は市場の開拓のために特別に支出する費用

d．株式交付費……株券等の印刷費，資本金の増加の登記についての登録免許税その他自己の株式（出資を含む）の交付のために支出する費用

e．社債等発行費……社債券等の印刷費その他債権（新株予約権を含む）の発行のために支出する費用

2 表示項目

貸借対照表の「繰延資産」に計上されます。

2 均等償却の繰延資産(税法上の繰延資産)

❶ 主な内容
a．自己が便益を受ける公共的施設改良の費用
b．資産賃貸のための権利金等
c．役務の提供を受ける権利金等
d．広告宣伝用に供する資産贈与の費用
e．その他の自己が便益を受けるために支出する費用等

❷ 表示項目
貸借対照表に「長期前払費用」として計上されます。

3「法人税法上の繰延資産」と「企業会計上の繰延資産」の比較

企業会計における繰延資産と法人税法における繰延資産とでは，その償却方法等が異なります。

繰延資産の償却と経理処理

繰延資産の種類	償却		経理処理
	法人税法	企業会計	
創立費	任意償却※	5年以内のその効果の及ぶ期間にわたって(定額法)	営業外費用
開業費			
開発費		5年以内のその効果の及ぶ期間にわたって(定額法)その他合理的な方法による規則的な償却	売上原価又は販売費及び一般管理費
株式交付費(新株予約権を含む)		3年以内のその効果の及ぶ期間にわたって(定額法)	営業外費用
社債等発行費		社債償還期間にわたり利息法により償却(継続適用を前提に定額法の採用も可)	

※ 法人税法における繰延資産の償却は，本来支出した事業年度に全額費用に計上し，繰延資産として計上する場合は任意償却とされています。

SECTION
3-19 確定申告（法人税）

法人が納める法人税は，法人が自ら税額を計算し，申告するとともに納税も済ませる必要があります。

1 法人の事業年度

事業年度とは，事業の財務状態を明らかにするために会計の単位とする期間のことです。

企業会計では，一定の機関における損益を決算によって確定する期間損益を計算します。この損益を計算する期間を，一般に「会計期間」又は「会計年度」といいますが，法人税法ではこの一定期間を事業年度といっています。

2 確定申告の期限

通常，法人の決算は，事業年度終了後2か月以内に確定した決算に基づき，納税地を管轄する税務署に確定申告書の申告と納税を行います。

ただし，以下のような例外があります。

❶ 提出期限の延長

災害その他やむをえない理由があって，決算が確定しないため，2か月以内に申告ができない場合は，決算日の後45日以内に延長の必要な理由を記載した延長申請書を提出し，所轄税務署長が期日を指定して，申告書の提出期限を延長することができます。

❷ 提出期限の延長の特例

上場会社などの場合，監査法人等の監査を受けるため，もしくは，株主総会を開催する都合から，どうしても2か月以内に決算が確定しない場合があります。こうした場合，申告書の提出期限を1か月間延長することができます。

3 確定申告に添付する書類

① 決算書（貸借対照表，損益計算書，株主資本等変動計算書，個別注記表等）
② 法人税の計算に関する書類（別表一（一），別表一（一）次葉，二，四，五（一），五（二）…）
③ 勘定科目内訳明細書
④ 法人事業概況説明書
⑤ 税務代理権限証書（税理士に依頼している場合）

SECTION 3-20 青色申告（法人税）

青色申告とは，所轄税務署長から青色申告の承認を受けることで，青色申告者以外のいわゆる白色申告者と異なり，さまざまな特典を受けることができます。

1 青色申告の特典と義務

法人は所轄税務署長から青色申告の承認を受けることで，さまざまな特典を得ることができ，同時にさまざまな義務を負うことになります。

1 特典
　a．欠損金の繰越控除
　b．欠損金の繰戻還付（現在，中小法人を除き，原則として適用中止）
　c．一定の資産を購入した際の，特別償却等

2 義務
　a．取引に関する帳簿（仕訳帳，総勘定元帳）の作成
　b．資産，負債及び資本に影響を及ぼす一切の取引に関して作成されたその他の帳簿の作成
　c．棚卸表，決算の際に作成された書類の保存
　d．取引に関する契約書，領収書，見積書，注文書，送り状等の保存

※　帳簿の保存期間は，10年です。

2 青色申告の届出

青色申告の承認を受けようとする法人は，事業年度開始の前日までに「青色申告の承認申請書」を所轄税務署長宛に提出します。

法人が設立第1期目の場合，設立3か月以内に提出します。なお，期末日が先に到来する場合は，期末日までとなります。

3 青色申告の承認

青色申告の承認申請に対する承認や却下の処分に関しては，法人に対し書面にて通知されます。また，事業年度終了の日までに通知がなされなかったときは，その期末日に承認があったものとみなされることとなっています。

4 帳簿等の記載事項

帳簿の種類	要記載事項
現金出納帳	取引年月日，出納先，金額，残高
当座預金出納帳	口座別の取引年月日，取引事由，金額，残高
受取手形，支払手形	相手先，金額，手形期日等
売掛金，買掛金	相手先名称，取引品名，数量，単価等
有価証券	取引年月日，銘柄，数量，金額等
減価償却資産	減価償却資産の取得年月日，金額，事業に供した日
売上・仕入	取引年月日，相手先名称，品名，金額等
その他の収益	受取利息，雑収入の内容，金額等
その他の経費	勘定科目ごとの取引内容，金額等

5 青色申告の取消し

青色申告の承認を受けている法人に関して，下記の事由が生じた場合，その事業年度にさかのぼり，青色申告の承認が取り消されることがあります。

a．上記の帳簿記載事項が守れていない場合
b．帳簿書類の取引記録や記載事項などに，仮装隠ぺいがあった場合
c．確定申告を提出期限までに提出しなかった場合

6 青色申告の取りやめ

青色申告の承認を受けている法人が，青色申告を取りやめたい場合に，「青色申告の取りやめの届出書」を，提出することをやめようとする事業年度終了の日の翌日から2か月以内に提出します。

第4章
消費税法

SECTION

4-1 消費税のしくみ

消費税を負担するのは消費者ですが，消費税の納税は，事業者が行います。

消費税とは，直接納税を行う所得税や法人税と異なり，間接的に消費を通じて消費者が負担した税額を，各事業者が納税する形をとっています。

つまり，私たちが日々の生活の中で買い物を行い，その結果消費税を支払っていますが，その消費税は国民一人一人が，直接「国」や「地方自治体」に対して納税をする訳ではなく，各事業者がそれぞれ他の消費者（事業者を含む）から預かった消費税の一部を納税することにより成り立っています。

1 消費税の実際の流れ

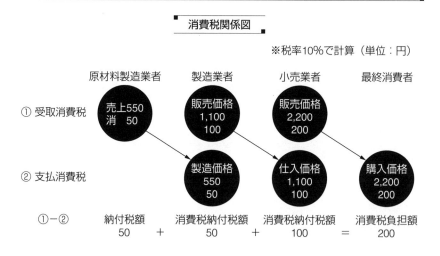

2 消費税の課税取引

消費税はすべての取引にかかる訳ではなく,「国内における取引」と「輸入取引」に対して課税されます。

1 国内における取引

課税取引とは,以下の要件のすべてを満たす取引をいいます。

① 国内において行うもの（国内取引）であること
② 事業者が事業として行うものであること
③ 対価を得て行うものであること
④ 資産の譲渡,資産の貸付け,役務の提供であること

※ 国外取引,寄附,贈与,配当等上記の要件を満たさない場合,不課税取引となります。

2 輸入取引

保税地域から引き取られる外国貨物が課税対象です。

保税地域とは,輸出入手続きを行い,また,外国貨物を蔵置し又は加工し,製造,展示等をすることができる特定の場所をいいます。

外国貨物とは,外国から国内に到着した貨物で,輸入が許可される前のもの及び輸出許可を受けた貨物をいいます。

※ 非課税貨物（有価証券,郵便切手類,物品切手類,身体障害者用物品等）は,非課税となります。

3 国外における取引

国外において行う取引は,不課税とされます。

a．具体例

国外における請負工事,国外資産の譲渡又は貸付け,国外間の輸送,外国のホテル代・食事代・交通費等

SECTION
4-2 納税義務者

最終的に消費税を負担するのは一般の消費者ですが，消費税の納税義務者は製造，卸，小売，サービスなどの事業者と外国貨物を保税地域から引き取る者になります。

1 納税義務者

税法の定めにより，納税義務者によって直接税と間接税に区分することができますが，消費税は，納税義務者と担税者（最終的に税を負担する者）が一致しない間接税に該当します。

消費税は，国内において，事業として行った商品の販売，サービスの提供及び資産の貸付け等の取引又は外国貨物の保税地域からの引取りを課税対象としています。このようなことから，国内取引及び輸入取引の区分により納税義務者を区分しています。

2 国内取引の納税義務者

消費税は，国内において事業者が事業として対価を得て行う取引に課税されます。したがって，国内取引については，事業者が納税義務者となり，担税者は消費者となります。事業者は，個人事業者及び法人をいい，事業者でない者は納税の義務を負いません。

3 輸入取引の納税義務者

輸入する貨物については，その貨物を保税地域から引き取るときに消費税が課税されます。輸入取引の納税義務者は，外国貨物を保税地域から引き取る者，すなわち輸入申告者となります。

国内取引については事業者のみが納税義務者ですが，輸入取引については事業者であるか否かにかかわらず，サラリーマンなどの個人でも外国貨物を保税

地域から引き取る者に該当する場合には納税義務者となります。

また，輸入とは，外国からわが国に到着した貨物又は輸出の許可を受けた貨物をわが国に引き取ることをいいます。したがって，一般的な貿易により輸入される貨物のほか，海外旅行からの帰国の際に土産などで持ち帰ったものも課税の対象になります。ただし，帰国したときに課税される輸入関税がいわゆる携帯品免税として免除されるものについては，消費税も免除になります。

4 小規模事業者の納税義務の免除

消費税には納税事務の負担を軽くするという政策的配慮から免税点が設けられており，一定規模以下の小規模事業者については，納税義務を免除することとしています。この事業者を「免税事業者」といいます。

免税事業者とは，基準期間の課税売上高が1,000万円以下の事業者をいい，課税事業者になることを選択した場合を除き，その課税期間の納税義務が免除されます。なお，特定期間における課税売上高が1,000万円を超えた場合は，その課税期間から課税事業者となります。

5 新規に開業した場合

新規に開業した個人事業者及び新たに設立された法人は基準期間が存在しません。そのため，個人事業者の場合のその新規開業の年とその翌年，新たに設立された法人の場合のその設立事業年度とその翌事業年度は，原則として免税事業者となります。しかし，基準期間のない事業年度であってもその事業年度の開始の日における資本金の額又は出資の金額が1,000万円以上である法人の場合は課税事業者となります。

※ 基準期間とは，個人事業者の場合はその年の前々年をいい，法人の場合（事業年度が1年である場合）はその事業年度の前々事業年度をいいます。

※ 特定期間とは，個人事業者の場合はその年の前年の1月1日から6月30日までの期間をいい，法人の場合は原則としてその事業年度の前事業年度開始の日以後6か月の期間をいいます。

SECTION 4-3 課税方法

事業者が納める消費税は，原則として事業者が消費者から預かった消費税から，事業者が支払った消費税を差し引き，差額を納税する形がとられます。

1 消費税の課税方法

消費税は，2019（平成 31）年 10 月から，本体価格に対し 10 ％として計算されますが，その内訳は 7.8 ％の国税と 2.2 ％の地方税からなっています。

消費税の納税義務者である事業者が，消費税を納税する際，下記のような計算が行われます。

```
預かった消費税     －  支払った消費税     ＝  国に納める消費税
 （7.8%分）           （7.8%分）           （7.8%分）

国に納める消費税   ×    22/78            ＝  地方消費税
 （7.8%分）                                  （2.2%分）

国に納める消費税   ＋  地方消費税         ＝  事業者が納める消費税
 （7.8%分）           （2.2%分）           （10%分）
```

2 消費税の納税額の求め方

事業者が消費税を納税する際に計算する方法は，原則として下記のような方法がとられます。

具体例
・事業者が国内において売り上げた課税売上（課税標準額）20,000,000 円
・事業者が国内において支払った課税仕入（税抜支払額）15,000,000 円

$$20{,}000{,}000 円 \times 7.8\% = 1{,}560{,}000 円 \cdots ①$$
$$15{,}000{,}000 円 \times 7.8\% = 1{,}170{,}000 \cdots ②$$
$$① - ② = 390{,}000 円（消費税）\cdots ③$$

上記③の 390,000 円に 22/78 を掛ける

$$390{,}000 円 \times 22/78 = 110{,}000 円（地方消費税）\cdots ④$$

事業者が納税する消費税と地方消費税の合計額は

$$③ + ④ = 500{,}000 円$$

(注) 簡易課税制度による納税に関しては，別項目を参照してください。

3 消費税の還付額の求め方

具体例
- 事業者が海外に輸出した売上高　　　　（免税売上）　10,000,000 円
- 事業者が国内において売り上げた課税売上（課税標準額）15,000,000 円
- 事業者が国内において支払った課税仕入（税抜支払額）20,000,000 円

$$15{,}000{,}000 円 \times 7.8\% = 1{,}170{,}000 円 \cdots ①$$

※　免税売上は，消費税0％とされるため，課税標準額に組み込みません。

$$20{,}000{,}000 円 \times 7.8\% = 1{,}560{,}000 円 \cdots ②$$
$$① - ② = \triangle 390{,}000 円（消費税）\cdots ③$$

上記③の 390,000 円に 22/78 を掛ける

$$\triangle 390{,}000 円 \times 22/78 = \triangle 110{,}000 円（地方消費税）\cdots ④$$

事業者が還付を受ける消費税と地方消費税の合計額は

$$③ + ④ = \triangle 500{,}000 円$$

事業者は通常，消費税を納める形になりますが，輸出を中心とした商売を営んでいる場合や，単に支払消費税が多い場合など，消費税の還付を受けることがあります。

SECTION
4-4 非課税取引

消費税はすべての取引に対して課税されるわけではなく，消費税の課税になじまない性格のもので非課税とされるものや，社会的配慮に基づき非課税とされるものがあります。

1 消費税のかかる取引（課税取引）

消費税の課税対象は，①国内取引と②輸入取引とされており，国外で行われる取引は課税対象にはなりません。

1 国内取引

課税取引とは，以下の要件のすべてを満たす取引をいいます。

a．国内において行われる取引であること
b．事業者が事業として行うものであること
c．対価を得て行うものであること
d．資産の譲渡・貸付け・役務の提供であること

2 輸入取引

保税地域から引き取られる外国貨物が課税対象です。

2 消費税のかからない取引（非課税取引）

消費税のかかる取引のうち，消費税の性格上，課税対象としてなじみにくいものや社会政策的配慮から課税することが適当でない取引があります。下記の1及び2の取引については「非課税」とされます。

1 消費税の課税に馴染まない性格のもの

a．土地の譲渡，貸付け

※ 譲渡は資本の移転にすぎないため，貸付けは土地の譲渡とのバランスを図るため非課税とされます。

b．有価証券の譲渡，支払手段の譲渡

c．利子，保証料，保険料等

d．郵便切手類，印紙等の譲渡

e．商品券，プリペイドカードなどの物品切手類の譲渡

f．住民票，戸籍抄本等の行政手数料

g．国・地方公共団体が徴収する手数料等

h．国際郵便為替，外国為替業務等

2 社会政策的配慮に基づくもの

a．社会保険医療等

b．介護保険サービス，社会福祉事業等

c．助産

d．埋葬料，火葬

e．一定の身体障害者用物品の譲渡，貸付け等

f．一定の学校の授業料，入学・入園検定料，入学金，施設設備等

g．教科用図書の譲渡

h．住宅の貸付け

※ 居住用の家賃は国民生活に直接関係しているため非課税とされます。なお，店舗などの居住用でないものの貸付けは課税されます。

3 非課税となる外国貨物

国内における非課税取引とのバランスを図るため，輸入取引（保税地域から引き取る外国貨物）のなかで，下記のものは消費税が非課税とされています。

① 有価証券等

② 郵便切手類

③ 物品切手類

④ 身体障害者用物品

SECTION
4-5 軽減税率制度

2019（平成31）年10月1日から，消費税の税率が8％から10％に引き上げられると同時に，消費税の軽減税率制度が実施されます。

1 軽減税率制度

社会保障と税の一体改革の下，消費税率引上げに伴い，低所得者に配慮する観点から，「酒類・外食を除く飲食料品」と「定期購読契約が締結された週2回以上発行される新聞」を対象に消費税の「軽減税率制度」が実施されることになりました。標準税率は10％，軽減税率は8％（国税6.24％，地方税1.76％）となっています。

2 事業者の対応

消費税の軽減税率制度は，事業者のみならず，日々の買い物等で消費者にも関わってくるものですが，事業者は次のような対応が必要となります。

① 飲食料品の売上げ・仕入れの両方がある課税事業者

例えば，スーパーマーケット，青果店等の飲食料品を取り扱う小売・卸売業やレストラン等の飲食業者は，売上げや仕入れについて，取引ごとの税率により区分経理を行うことや区分記載請求書等を交付する必要があります。

② 飲食料品の売上げがなくても，飲食料品の仕入れ（経費）がある事業者

例えば，会議費や交際費として飲食料品を購入する場合等は，仕入れ（経費）について，取引ごとの税率により区分経理を行う等の対応が必要となります。

③ 免税事業者

軽減税率対象品目の売上げがある場合には，課税事業者である取引先から区分経理に対応した請求書等の発行を求められることがあります。

3 軽減税率の対象品目

① 飲食料品

飲食料品とは,食品表示法に規定する食品(酒類を除きます)をいいます。外食やケータリング等は,軽減税率の対象品目には含まれません。

② 新聞

新聞とは,一定の題号を用い,政治,経済,社会,文化等に関する一般社会的事実を掲載する週2回以上発行されるもので,定期購読契約に基づくものです。

4 軽減税率の対象となる飲食料品の範囲

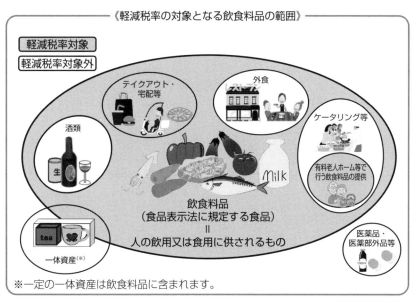

(国税庁HPより)

SECTION

4-6 仕入税額控除

消費税の計算においては，売上等の課税標準額に対する消費税から，課税仕入等の税額を控除して，消費税を算出します。これを仕入税額控除といいます。

1 税額控除となる取引

① （国内の）課税仕入れに係る消費税
② 保税地域から引き取った外国貨物に係る消費税
③ 売上等の返還に係る消費税
④ 貸倒れ等に係る消費税

2 課税仕入れとなる取引

課税仕入れとは，事業のために他者から資産の購入を行ったり，役務の提供を受けることをいいます。

① 商品などの棚卸資産の購入
② 原材料等の購入
③ 機械や建物等のほか，車両や器具備品等の事業用資産の購入又は賃借
④ 広告宣伝費，厚生費，接待交際費，通信費，水道光熱費などの支払い
⑤ 事務用品，消耗品，新聞図書などの購入
⑥ 修　繕　費
⑦ 外　注　費

※ 人件費等の支払いは課税仕入れとなりませんが，人材派遣料等の事業者が労働やサービスの提供を行う場合，その対価には消費税が課税されます。

3 仕入税額控除を受けるための帳簿等の保存要件

仕入税額控除を受けるためには，課税仕入れの内容を記載した区分経理に対

応した帳簿及び区分記載請求書等（両方）をその閉鎖又は受領した日の属する課税期間の末日の翌日から2か月を経過した日から7年間保存する必要があります（区分記載請求書等保存方式）。これらの両方が保存されていない場合には，仕入税額控除の適用が認められません。

4 請求書等帳簿の記載内容

1 記載

① 帳簿には商品の一般的な総称でまとめて記載するなど，請求書等を個々に確認することなく仕入控除税額を計算できる程度に記載します。

② 一回の取引で，複数の一般的な総称の商品を2種類以上購入した場合でも，「○○他」と記載すれば問題ありません。

③ 一定期間分の取引について請求書等をまとめて作成する場合には，その請求書等に記載すべき課税仕入れの年月日については，その一定期間でかまいません。

④ 課税仕入れの相手方については，その「氏名又は名称」を帳簿に記載することとされています。

2 保存

① 伝票会計における伝票で，仕入税額控除に係る帳簿の記載事項に規定する事項を記載したものは「帳簿」に該当します。

② 帳簿代用書類を保存する場合，仕入控除税額を計算できる程度に課税仕入れに関する法定事項が帳簿に記載されていれば問題ありません。

③ 仕入税額控除の適用を受けるためには，課税仕入れの事実を記載した帳簿の保存に加えて，請求書，領収書，納品書等の取引事実を証する書類も併せて保存することとされています。

5 適格請求書等保存方式（インボイス制度）

2023年（平成35年）10月1日以降は，区分記載請求書等の保存に代えて，「適格請求書」等の保存が仕入税額控除の要件となります。

SECTION

4-7 簡易課税

簡易課税制度とは，みなし仕入率を用いて仕入控除税額を計算するものですが，中小事業者が消費税の税額計算を簡略化できるように設けられた制度です。

1 仕入控除税額の計算方法

仕入控除税額の計算方法には，①原則課税，②簡易課税の2つの方法があります。

❶ 原則課税

原則的な税額計算をする方法です。

消費税の納付税額の計算は次のようになります。

> 納める消費税額 ＝ 預かった消費税 － 支払った消費税

❷ 簡易課税

みなし仕入率を用いて仕入控除税額を計算する方法です。

消費税の納付税額の計算は次のようになります。

> 納める消費税額 ＝ 預かった消費税 －（預かった消費税 × みなし仕入率）

2 簡易課税制度

消費税では，中小事業者の事務負担を軽減するために，原則的な税額計算に代えて，みなし仕入率を適用して計算する特例が認められています。この制度を簡易課税制度といいます。

簡易課税制度を適用できる課税事業者は，次の要件を満たす場合に認められています。

① 基準期間の課税売上高が5,000万円以下であること

②　適用を受けようとする課税期間の初日の前日までに「消費税簡易課税制度選択届出書」を提出していること

なお，この簡易課税制度をいったん選択した場合には，2年間は継続して適用しなければならないとされています。

3　みなし仕入率と事業区分

簡易課税制度は，仕入控除税額を課税売上高に対する税額の一定割合とするというもので，この一定割合をみなし仕入率といいます。

みなし仕入率は，課税売上げを第1種事業から第6種事業の6つに区分し，それぞれの区分ごとのみなし仕入率を適用します。

なお，みなし仕入率の事業区分の判定については，各々に取引ごとに判断することとなっていますが，事業者が行う取引は多様化しており，その判定については事業者と課税庁との間でトラブルが生じることもあります。

事業区分	みなし仕入率	該当する事業
第1種事業	90％	卸売業
第2種事業	80％	小売業
第3種事業	70％	製造業，建設業，農業，漁業など
第4種事業	60％	飲食店業など1種・2種・3種・5種・6種以外の事業
第5種事業	50％	運輸通信業，サービス業（飲食店業を除く），金融業・保険業
第6種事業	40％	不動産業

※　第3種事業の農林水産業のうち消費税の軽減税率が適用される食用の農林水産物を生産する事業は第2種事業となり，2019（平成31）年10月1日を含む課税期間から適用されます。

第4章　消費税法

SECTION 4-8 消費税の経理

　消費税の会計処理の方法には，税込経理方式と税抜経理方式があります。税込経理方式は，消費税等の額を売上げ，仕入れに含めて処理する方法をいいます。税抜経理方式は，消費税等の額を売上げ，仕入れに含めず，仮受消費税等，仮払消費税等と区分して処理する方法をいいます。

1 消費税の経理処理方式

　消費税の会計処理の方法には，税込経理方式と税抜経理方式があります。いずれの方式を選択するかは事業者の任意とされていますが，原則として，すべての取引について同一の方式を適用しなければならないとされています。

　なお，納付する税額は，いずれの方式を選択しても同額になります。

2 税込経理方式

　税込経理方式は，消費税等の額を売上げ，仕入れに含めて処理する方法をいい，消費税等の納付税額は租税公課として必要経費又は損金の額に算入します。

　なお，消費税の納税義務が免除されている免税事業者は，税込経理方式によります。

3 税抜経理方式

　税抜経理方式は，消費税等の額を売上げ，仕入れに含めず，課税売上げに係る消費税等の額は仮受消費税等とし，課税仕入れに係る消費税等の額については仮払消費税等と区分して処理する方法をいいます。

　つまり，単なる通過勘定として処理する方法です。ただし，税抜計算の手間はかかります。

消費税の経理処理方式

区　　分	税込経理方式	税抜経理方式
経理方式	消費税額を売上高や仕入高に含めて計上する方法	消費税額を売上高や仕入高に含めずに区分して処理する方法
計算の手間	かからない	かかる

　税抜経理方式を採用している企業が一般的には多いですが，税抜き計算の手間が省けることや消費税等の額を売上げに含めて収益と計上されるため売上金額が大きく見せることができるなどの理由から，税込経理方式を採用している中小法人も多くあります。

4　具体的な仕訳例

　小売店が商品を 7,000 円（税抜）で掛仕入し，10,000 円（税抜）で現金で販売した場合を考えます。

1　税抜経理方式

　①仕入時　（借方）仕入　　　　　7,000 円　　（貸方）買掛金　　　　7,700 円
　　　　　　　　　　仮払消費税等　　700 円
　②売上時　（借方）現金　　　　　11,000 円　　（貸方）売上　　　　10,000 円
　　　　　　　　　　　　　　　　　　　　　　　　　　　仮受消費税等　1,000 円

2　税込経理方式

　①仕入時　（借方）仕入　　　　　7,700 円　　（貸方）買掛金　　　　7,700 円
　②売上時　（借方）現金　　　　　11,000 円　　（貸方）売上　　　　11,000 円

SECTION

4-9 消費税の申告

消費税の確定申告書の提出期限は，原則として事業年度の終了した日から2か月以内とされています。
中間申告では，前年の確定消費税額（年税額）に応じて，中間申告義務が生じます。

1 確定申告

　課税事業者は，課税期間ごとに，原則として，その課税期間の末日の翌日から2か月以内に，所轄税務署長に確定申告書を提出し，その消費税額を納付しなければならないとされています。なお，個人事業者の確定申告書の提出及び納付期限は，その年の3月31日とされています。
　課税期間とは，納付すべき消費税を計算する基礎となる期間をいい，法人は事業年度，個人事業者は暦年（1月1日から12月31日）とされています。
　なお，課税期間の特例として，課税期間特例の選択をした課税事業者は，課税期間を3か月又は1か月に短縮することができます。
　また，国税通則法に定める災害等を受けた場合には，申告期限の延長が認められますが，法人税法で定められている確定申告書の申告期限の延長制度は，消費税等には適用できないとされています。

2 中間申告

　直前の課税期間の消費税額が一定額を超える事業者については，課税期間の初日から6か月を経過した日から2か月以内に，直前年度の確定税額の2分の1の金額を消費税として中間申告をしなければならないとされています。
　中間申告税額の計算は，前年実績による方法と仮決算に基づく方法があり，いずれかの方法によるとされていますが，一般的に事務負担の少ない前年実績の方法が選択されています。前年実績による方法では，前年の確定消費税額（年税額）によって，中間申告の回数が異なります。

課税売上高の変動などにより税額が減少することが予測されるような場合には，仮決算に基づいて税額を実際に計算する方法がとられています。

3 還付申告

課税事業者は，仕入れに係る消費税額等があり，還付金の発生する場合には，還付申告書を提出して還付を受けることができます。

確定申告書の提出期限

区 分			申 告 期 限
法人	原則		事業年度の末日の翌日から2か月以内
	課税期間特例の適用のある場合		事業年度を3か月ごとに区分した各期間の末日の翌日から2か月以内
個人	原則		翌年の3月31日まで
	課税期間特例の適用のある場合	1～3月分	5月31日まで
		4～6月分	8月31日まで
		7～9月分	11月30日まで
		10～12月分	翌年の3月31日まで

前年実績による中間申告

前課税期間の消費税額（年税額）	中間申告回数
4,800万円超	年11回（毎月納付）
400万円超 4,800万円以下	年3回
48万円超 400万円以下	年1回
48万円以下	中間申告不要

SECTION

4-10 消費税の手続き

　仕入税額控除の適用を受けるためには，消費税法で定められている帳簿及び請求書等の記載事項を記した帳簿及び請求書等の保存（7年間）が必要です。
　事業者は，一定の事由が生じた場合には，消費税に関する各種届出書を提出する義務があります。

1 帳簿及び請求書等の保存義務

　消費税の課税事業者は，課税仕入れ等の税額の控除を受けるためには，課税仕入れ等の事実を記録した帳簿及び課税仕入れ等の事実の証する請求書等を保存しなければならないとされています。

　したがって，上記の帳簿や請求書等の保存がない場合には仕入税額控除は適用できませんが，災害その他やむをえない事情があったと認められる場合には仕入税額控除を適用することができます。

　また，帳簿及び請求書等の保存期間は，7年間となっています。

2 仕入税額控除の要件となる帳簿及び請求書等の記載事項

期間	帳簿への記載事項	請求書等への記載事項
平成31年9月30日まで	① 課税仕入れの相手方の氏名又は名称 ② 取引年月日 ③ 取引の内容 ④ 対価の額	① 請求書発行者の氏名又は名称 ② 取引年月日 ③ 取引の内容 ④ 対価の額 ⑤ 請求書受領者の氏名又は名称※
平成31年10月1日から平成35年9月30日まで 【区分記載請求書等保存方式】	（上記に加え） ⑤ 軽減税率の対象品目である旨	（上記に加え） ⑥ 軽減税率の対象品目である旨 ⑦ 税率ごとに合計した税込対価の額

※　小売業，飲食店業等不特定多数の者と取引する事業者が交付する請求書等には，⑤の記載は省略できます。

3 消費税に関する届出書

　事業者は、基準期間における課税売上高が1,000万円を超えることとなった場合などの一定の事由が生じた場合には、各種の届出書を所轄税務署長に提出しなければならないこととされています。

主な消費税に関する届出書とその期限

様式	届出書の名称	提出期限等
第1号	消費税課税事業者選択届出書	提出した課税期間の翌課税期間（新規開業の場合は提出した課税期間）から適用 ※2年間は免税事業者に戻ることはできない。
第2号	消費税課税事業者選択不適用届出書	提出した課税期間の翌課税期間から適用されなくなる。
第3-(1)号	消費税課税事業者届出書（基準期間用）	速やかに提出
第3-(2)号	消費税課税事業者届出書（特定期間用）	速やかに提出
第5号	消費税の納税義務者でなくなった旨の届出書	速やかに提出
第24号	消費税簡易課税制度選択届出書	提出した課税期間の翌課税期間（新規開業の場合は提出した課税期間）から適用 ※簡易課税制度を選択した場合でも、基準期間の課税売上高が5,000万円を超える課税期間については、簡易課税制度を適用することはできない。 ※原則として、2年間は継続適用しなければならない。
第25号	消費税簡易課税制度選択不適用届出書	提出した課税期間の翌課税期間から簡易課税は適用されなくなる。

第5章
相続税法

SECTION
5-1 相続税のしくみ

相続税は，人の死亡によって財産を相続する場合や，遺贈や相続時精算課税に係る贈与によって取得した財産に対して課税されます。

1 相続税の課税根拠

相続税が課税される主な理由は2つあります。
① 人が死亡した場合には，その財産の一部を社会に還元して，富の集中を抑制する必要があるという社会的要請に基づくという考え（富の再分配）。
② 相続税の課税は，個人の一生の所得税の精算をするものという考え（所得税の精算）。

2 相続と民法

1 相続の開始
原則として，人の死亡によって開始します。相続人は，相続開始の時から，被相続人（死亡した人）の財産に関する一切の権利義務を承継することになります。例外として失踪宣告があります。

2 相続人
民法では，相続人の範囲（誰にするか）と順位を定めています。相続を放棄した人や相続権を失った人は初めから相続人でなかったものとされます。

3 相続人と相続順位
配偶者は，常に相続人となりますが，血族関係者の相続人については，一定の順位を定めています。

　　第一順位　子(代襲相続人(孫)を含む)　　第二順位　直系尊属（父母，祖父母）
　　第三順位　兄弟姉妹（代襲相続人（甥，姪）を含む)

4 相続人と法定相続分

複数の相続人が共同で相続する場合，これらの相続人を共同相続人といい，共同相続人は，相続により被相続人の権利義務を各自の相続分に応じて承継します。

a．配偶者と子が相続人となる場合

　配偶者2分の1,子2分の1（子が2人以上いるときは均等）（民法900・901）

b．配偶者と直系尊属が相続人となる場合

　配偶者3分の2，直系尊属3分の1（直系尊属が2人以上いるときは均等）

c．配偶者と兄弟姉妹が相続人となる場合

　配偶者4分の3，兄弟姉妹4分の1（兄弟姉妹が2人以上いるときは均等，父母の一方のみが同じである兄弟姉妹の相続分は，父母の双方が同じである兄弟姉妹の相続分の2分の1）

5 代襲相続分（代襲相続人の相続分）

代襲相続人となる直系卑属（孫）の相続分はその直系尊属（子）が受けるべきであった相続分と同じ（直系卑属が2人以上いるときは均等）であり，また，兄弟姉妹の代襲相続人（兄弟姉妹の子）の相続分についても同様となります。

3 相続税の納税義務者

原則として相続人が相続税の納税義務者となります。

相続人・もらう人 / 被相続人・亡くなった人		国内に住所有り	国内に住所無し			
			一時居住者	日本国籍あり		日本国籍無し
				10年以内住所有り	10年以内住所無し	
国内に住所有り		■	■	■	■	■
	一時居住	■	▨	■	▨	▨
国内に住所無し	10年以内に住所有り	■	■	■	■	■
	一定の者	■	▨	■	▨	▨
	10年以内に住所無し	■	▨	■	▨	▨

■ 取得した全ての財産
▨ 日本国内にある財産

SECTION 5-2 相続税の計算

相続税の計算のしくみとは，各納税者ごとの課税価額を計算し，次に各々の課税価格を合計して相続税の総額を計算し，それを各納税者間に分配して各納税者ごとに納付する税額を計算します。

1 課税価格の計算

まず，相続や遺贈及び相続時精算課税の適用を受ける贈与によって財産をもらった人ごとに，課税価格を計算します。

```
相続又は遺贈に          みなし相続等に                         相続時精算課税
より取得した財     ＋    より取得した財     －   非課税財産    ＋   に係る贈与財産
産の価額                 産の価額                の価額              の贈与時の価額

       債務及び葬式          被相続人からの        各人の課税価額
  －   費用の額        ＋   3年以内の贈与    ＝   （千円未満切捨て）
                            財産の価額
```

2 相続税の総額の計算

次に課税価格の合計額から基礎控除額を差し引いて課税遺産総額を計算します。

```
各相続人の課税価格の合計 ＝ 課税価格の合計額

課税価格の         遺産に係る基礎控除額                         課税遺産
           －                                              ＝
合計額            3,000万円 ＋（600万円 × 法定相続人の数）      総額
```

3 納付税額の計算

相続税の総額を，財産をもらった人の課税価格に応じて割り振って，財産をもらった人ごとの税額を計算します。

$$\boxed{\text{相続税の総額} \times \text{各人の課税価格} \div \text{課税価格の合計額} = \text{各相続人等の税額}}$$

a．各相続人等の税額から各種の税額控除額を差し引いた残りの額が各人の納付税額になります。

b．財産を受け取った人が被相続人の配偶者，父母，子供以外の者である場合は，以下のように計算します。

$$\boxed{\text{税額控除を差し引く前の相続税額にその20％相当額を加算}} - \text{税額控除額}$$

c．子供が被相続人より先に死亡しているときは，孫について加算の必要はありません。

d．子供が被相続人より先に死亡していない場合は，被相続人の養子である孫について加算する必要があります。

各種の税額控除額・税額軽減を差し引く順序

各相続人等の税額 － 暦年課税分の贈与税額控除 － 配偶者の税額軽減 － 未成年者控除 － 障害者控除
（配偶者の場合のみ）

－ 相次相続控除 － 外国税額控除 ＝ 各相続人等の控除後の税額
（赤字の場合は0になります）

各相続人等の控除後の税額 － 相続時精算課税分の贈与税額（外国税額控除前の税額） ＝ **各相続人等の差引税額**

※既に納めた相続時精算課税に係る贈与税額が，相続税額から控除しきれない場合には，その控除しきれない相続時精算課税に係る贈与税額は還付を受けることができます。

SECTION 5-3 課税財産

相続財産は，「本来の相続財産」と「みなし相続財産」に分類されます。

1 本来の相続財産（民法上の財産）

相続の開始があった場合には，相続人は，被相続人の一身に専属したものを除いて，被相続人の財産に属した一切の権利義務を承継します。

1 法律上の根拠を有するもの
- 不動産や動産の所有権や占有権などの物権
- 預金や貸付金
- 著作権や特許権，商標権などの無体財産権

2 法律上の根拠を有しないもの
- 営業権

2 みなし相続財産（相続税法上の財産）

民法上では被相続人から相続又は遺贈により取得したものではないが，その内容を実質的にみると相続又は遺贈により取得した財産と同様の経済的効果を持つことから，課税の公平を図るために相続又は遺贈により取得したものとみなして，相続税法上相続税の課税対象とするものを「みなし相続財産」といいます。

1 具体例
① 生命保険金など
② 退職手当金など
③ 生命保険契約に関する権利
④ 定期金に関する権利
⑤ 保証期間付定期金に関する権利

⑥ 契約に基づかない定期金に関する権利
⑦ その他遺贈により取得したものとみなされるもの
⑧ 特別縁故者に対する相続財産の分与，低額譲受，債務免除等，その他の利益の享受，信託に関する権利等，公益法人等から受ける特別の利益の享受相続又は遺贈により財産を取得しなかった相続時精算課税適用者の受贈財産
⑨ 農地等の贈与者が死亡した場合の農地等

3 非課税財産

相続又は遺贈により取得した財産であるが，公益性・社会政策的見地・国民感情の面からみて相続税の課税対象から除いているものがあります。

次の7種類の財産を非課税財産としています。なお，被相続人に帰属しないため相続税の課税対象とはなりません。

① 皇室経済法の規定により皇位とともに皇嗣が受けた物
② 墓所，霊びょう及び祭具並びにこれらに準ずるもの
③ 一定の公益事業を行う者が取得した公益事業用財産
④ 条例による心身障害者共済制度に基づく給付金の受給権
⑤ 相続人が取得した生命保険金などのうち一定の金額
⑥ 相続人が取得した退職手当金などのうち一定の金額
⑦ 相続税の申告書の提出期限までに国，地方公共団体，特定の公益法人，認定特定非営利活動法人又は特定地域雇用等促進法人に贈与（寄附）した財産

SECTION
5-4 財産評価

財産評価は，相続税や贈与税について税額計算する場合には，相続や贈与によって取得した財産の価額について「財産評価基本通達」を用いて評価します。

1 時価主義

相続税法では，原則として「相続，遺贈又は贈与により取得した財産の価額は，当該財産の取得の時における時価により，……」とされていることから，相続税法の財産評価には時価主義が採用されています。

財産評価は，国税庁が公表する「相続税財産評価に関する基本通達」（財産評価基本通達）の取扱いにより計算して行われます。

2 時価評価の時点

① 相続・遺贈・贈与 → 財産を取得した時
② 財産を取得した時 ┬ 相続・遺贈の場合 → 被相続人の死亡の日
　　　　　　　　　　└ 贈与の場合 ──── 契約その他の法律的原因に基づいて財産権を取得した日

3 時価の意味

時価とは，その財産の客観的な交換価値を示す価額をいいます。

財産評価基本通達における時価とは，課税時期における，それぞれの財産の現況において不特定多数の当事者間で自由な取引が行われる場合に通常成立すると認められる価額をいいます。

主な相続財産の評価一覧表

財産の種類	財産の細目	評価方法
土地	宅　　　地	① 路線価の付されている地域にある宅地⇒路線価方式 ② ①以外の宅地⇒倍率方式
	借　地　権	自用地評価額×借地権割合
	農　　　地	①準農地，②中間農地，③市街地周辺農地，④市街地農地に区分して評価します。
	山　　　林	①準山林，②中間山林，③市街地山林に区分して評価します。
	貸　宅　地	自用地評価額×(1－借地権割合)
	貸家建付地	自用地評価額×(1－借地権割合×借家権割合×賃貸割合)
家屋	家　　　屋	固定資産税評価額×1.0倍
	貸　　　家	自用家屋評価額×(1－借家権割合×賃貸割合)
現金・預貯金	預　貯　金	預入高＋税引き後の既経過利息
有価証券	株　　　式	① 上場株式⇒課税時期の最終価格か，その月・前月・前々月の3か月間の月平均株価のうち，一番低い価額 ② 気配相場等のある株式⇒課税時期の取引価格か，その月・前月・前々月の3か月間の月平均取引価格のうち，一番低い価額 ③ 取引相場のない株式⇒会社の規模に応じて①大会社，②中会社，③小会社に分類し，その株主が支配株主か少数株主かに区分して評価します。

SECTION 5-5 自社株評価

取引相場のない株式は，「原則的評価方式」又は特例的な評価方式の「配当還元方式」により評価します。

1 原則的評価方式

相続や贈与などで株式を取得した株主が，その株式を発行した会社の経営支配力を持っている同族株主等である場合，評価を行う会社を，従業員数，総資産価額及び売上高により「大会社」，「中会社」又は「小会社」のいずれかに区分して，次の方法で評価をすることになっています。

❶ 大会社

大会社は，原則として，「類似業種比準方式」により評価します。

類似業種比準方式とは，類似業種の株価をもとに，評価会社の1株当たりの「配当金額」，「利益金額」及び「純資産価額」の3つを比準して評価する方法です。

❷ 中会社

中会社は，大会社と小会社の評価方法を併用して評価します。

❸ 小会社

小会社は，原則として，「純資産価額方式」によって評価します。

純資産価額方式とは，会社の総資産や負債をもとに相続税の評価に替えて，その評価した総資産の価額から負債や評価差額に対する法人税額等相当額を差し引いた，残りの金額をもとに評価する方法です。

2 特例的評価方式（配当還元方式）

相続や贈与などで株式を取得した株主が，同族株主等以外の株主が取得した株式である場合，株式を所有することで受け取る1年間の配当金額を，一定の利率（10％）で還元して，元本の株式の価額を評価します。

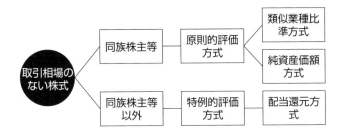

会社の規模による区分と評価方式

会社の規模	評価方法
大会社	類似業種比準方式
中会社	類似業種比準方式と純資産価額方式の併用方式
小会社	純資産価額方式

SECTION
5-6 路線価評価

宅地の評価方式には，「路線価方式」と「倍率方式」があり，路線価評価とは路線価方式による評価をいいます。

1 路線価方式

宅地の評価方法のうち，市街地的形態を形成する地域にある宅地に，国税局長が毎年7月に発表する「財産評価基準書」により決定した，路線ごとに定められた土地の価格に基づき，路線に隣接する土地の平米あたりの価格を評価する方式をいいます。

2 倍率方式

路線価方式を適用する宅地以外の宅地に適用する評価方式を倍率方式といいます。その評価方法は，市町村が毎年定める土地の固定資産税評価額に，一定の倍率を乗じて評価額を算出します。倍率は，国税局長が毎年定めます。

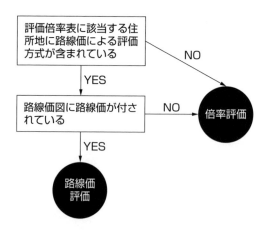

評価倍率表

平成30年分　倍　率　表　　　　　　　　　　　　2頁

市区町村名：南都留郡山中湖村　　　　　　　　　　　　大月税務署

音順	町（丁目）又は大字名	適用地域名	借地権割合	固定資産税評価額に乗ずる倍率等					
				宅地	田	畑	山林	原野	牧場	池沼
ひ	平野	(1) 字大池、中の侭の地域	40	1.1	中 27	中 54	中 47	中 47		
		(2) 字不動坂のうち県道より北側の地域	40	1.2	中 27	中 54	中 47	中 47		
		(3) 上記以外の地域	40	1.1	中 27	中 54	中 47	中 47		
		字上原、下原、関口、中尾、入山、切戸屋、高地坂の地域								
		1 農業振興地域内の農用地区域			純 21	純 46				
		2 国道沿い	50	1.1	中 36	中 76	中 73	中 73		
		3 県道沿い								
		(1) 北沿い	50	1.4	中 36	中 69	中 69	中 69		

路線価図

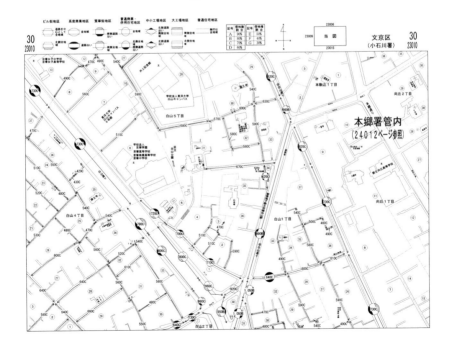

SECTION 5-7 基礎控除等

相続税は，相続財産の課税価格から，「基礎控除額」を引いたものに対してかかります。

1 基礎控除の計算方法

「基礎控除額」は 3,000 万円＋(600 万円×法定相続人の数) となります。亡くなった人の財産が基礎控除額以下だと，相続税が発生しないため，相続税の申告の必要もありません。

① 具体例

亡くなった人（被相続人）に，妻（配偶者）と子供が 3 人の場合，

3,000 万円＋(600 万円×4)＝5,400 万円

となります。つまり，5,400 万円までの財産には，相続税がかかりません。

2 法定相続人の数

相続人になれる人の範囲や順位に関しては民法に規定されています。

この民法の規定により相続人となる人のことを「法定相続人」といいます。

法定相続人になれる人は，配偶者，子，父母，兄弟姉妹の 4 種類の立場の人です。

法定相続人の数は，相続の放棄をした人がいても，その放棄がなかったものとした場合の数をいいます。

3 法定相続人と養子縁組

法定相続人の中に養子がいる場合，以下のように取り扱います。

① 被相続人に実子がいる場合

養子のうち 1 人までを法定相続人に含める

2 被相続人に実子がいない場合

養子のうち2人までを法定相続人に含める

4 法定相続人の順位

1 第1順位の相続人

　被相続人に子がいる場合　→　被相続人の**配偶者と子**が相続人となる

2 第2順位の相続人

　被相続人に子がいない場合　→　被相続人の**配偶者と父母**が相続人となる

3 第3順位の相続人

　被相続人に子がいない（父母も死亡している）場合

　　　　　　　　→　被相続人の**配偶者と兄弟姉妹**が相続人となる

相続税の速算表

法定相続分に応ずる取得金額	税率	控除額
1,000万円以下	10％	―
3,000万円以下	15％	50万円
5,000万円以下	20％	200万円
1億円以下	30％	700万円
2億円以下	40％	1,700万円
3億円以下	45％	2,700万円
6億円以下	50％	4,200万円
6億円超	55％	7,200万円

SECTION

5-8 配偶者の税額軽減

　配偶者の税額の軽減措置として，被相続人の配偶者が遺産分割や遺贈により実際にもらった正味の遺産総額が，1億6,000万円と配偶者の法定相続分相当額のどちらか多い金額までは配偶者に相続税はかからないという制度です。

1 制度の目的

　被相続人の配偶者は常に相続人になります。そのため，配偶者には，①被相続人が死亡した後の配偶者の生活保障，②2次相続（被相続人の死亡から配偶者の死亡）までの期間が短いこと，③長年共同生活を営んできた被相続人の遺産の形成・維持に貢献していることなどを考慮して，税額軽減の制度が設けられています。

2 内容

　被相続人の配偶者が取得した財産の課税価格が「1億6,000万円」又は「配偶者の法定相続分相当額」のいずれか大きい金額以下であるときは，その部分の相続税額はないものとされます。

　つまり，配偶者が取得した財産の課税価格が1億6,000万円に満たないか，配偶者の法定相続分相当額以下の財産を取得している場合には，配偶者の納付すべき相続税額はありません。

　この場合の配偶者とは，正式な婚姻関係のある法律上の配偶者をいい，いわゆる内縁関係のある者は，配偶者に含まれないことから，この規定の適用を受けることはできません。

3 遺産が未分割の場合

　この配偶者の税額軽減は，配偶者が取得した財産をもとに計算されるものなので，相続税の申告期限までに配偶者に分割されていない財産は増額軽減の対

象になりません。ただし，その分割されていない財産が申告期限から3年以内に分割された場合には，その分割された財産については税額軽減規定の適用を受けることができます。

4 適用を受けるための手続き

　配偶者の税額軽減により配偶者の納付すべき相続税額がない場合でも，相続税の申告書等を申告期限内に提出することが必要です。

SECTION
5-9 債務控除

相続税を計算するときは、被相続人が残した借入金などの債務を、相続財産の総額から差し引くことができます。これを債務控除といいます。

1 相続財産の総額から控除することができるもの

❶ 債務

被相続人が死亡したときにあった債務で、確実と認められるものです。

なお、被相続人に課税される税金で被相続人の死亡後相続人などが納付又は徴収されることになった所得税等の税金で、被相続人が死亡したときに確定していないものであっても、債務として相続財産の総額から差し引くことができます。

※ 相続人などの責任に基づいて納付、徴収されることになった延滞税や加算税等は相続財産の総額から差し引くことはできません。

※ 非課税財産(被相続人が生前に購入した墓石や仏壇等の未払代金等)に関する債務は、債務控除の対象になりません。

❷ 債務控除の対象となる債務

a. 事業を営んでいるかどうかに限らないもの
　・住宅借入金等の金融機関の債務(団体信用生命保険適用のものは除外する)
　・医療費(未払分)
　・保証債務(求償不能のもの)
　・公租公課や借入金

b. 事業を営んでいる場合
　・事業の買掛金や借入金等
　・不動産賃貸業などの場合、預り敷金や預り保証金等

3 葬式費用

葬式費用は債務ではありませんが，相続税を計算するときは相続財産の総額から差し引くことができます。

a．葬式費用とならないもの
- 墓地，墓石などの購入にかかった費用
- 初七日や法事等にかかった費用
- 香典返し等にかかった費用

2 債務控除の要件

債務などを差し引くことのできる人は，次の①又は②に掲げる者で，その債務などを負担することになる相続人や包括受遺者（相続時精算課税の適用を受ける贈与により財産をもらった人を含む）です。

① 相続や遺贈で財産を取得した時に日本国内に住所がある人（一時居住者で，かつ，被相続人が一時居住被相続人又は非居住被相続人である場合を除く）

② 相続や遺贈で財産を取得した時に日本国内に住所がない人で，いずれかに当てはまる人

　イ　日本国籍を有しており，かつ，相続開始前10年以内に日本国内に住所を有していたことがある人

　ロ　日本国籍を有しており，かつ，相続開始前10年以内に日本国内に住所を有していたことがない人（被相続人が，一時居住被相続人又は非居住被相続人である場合を除く）

　ハ　日本国籍を有していない人（被相続人が，一時居住被相続人，非居住被相続人又は非居住外国人である場合を除く）

なお，相続人や包括受遺者であっても，上記の①又は②に該当しない人は，遺産総額から控除できる債務の範囲が限られ，葬式費用も控除することができません。

SECTION
5-10 小規模宅地の特例

小規模宅地の特例とは，正式には「小規模宅地等についての相続税の課税価格の計算の特例」といい，相続財産の中に居住用の住宅や，事業に使われていた宅地等が存在する場合，その宅地等の評価額の一定割合を減額することができます。

1 特例の趣旨

被相続人等の事業用又は居住用宅地等は，相続人等の生活基盤の維持のために欠くことのできないもので，かつ，その処分についても相当の制約があるのが通常です。そこで，相続人の居住継続や事業継続に配慮する観点から設けられました。

小規模宅地の特例とは，個人が，相続又は遺贈により取得した財産のうち，その相続の開始の直前において被相続人等の事業用宅地等又は被相続人等の居住用宅地等のうち，一定の選択をしたもので限度面積までの部分については，相続税の課税価格に算入すべき価額の計算上，一定の割合を減額する特例です。

なお，相続開始前3年以内に贈与により取得した宅地等や相続時精算課税に係る贈与により取得した宅地等については，この特例の適用を受けることはできません。

2 特例の対象となる宅地等

個人が相続や遺贈により取得した宅地等で，次のすべての要件に該当するものが対象となります。

① 相続開始直前において，被相続人又は被相続人と生計を一にしていた被相続人の親族の事業の用若しくは居住の用に供されていた宅地等
② 建物又は構築物の敷地の用に供されていたもの
③ 棚卸資産及びこれに準ずる資産に該当しないもの
④ 原則として，特例の適用を受けようとする宅地等が相続税の申告期限ま

でに分割されていること

3 宅地等の限度面積

　各人が取得した宅地等のうち，この特例の適用を受けるために選択した宅地等以下が限度面積までの部分であることが必要とされています。
① 選択した宅地等が，特定事業用宅地等，特定同族会社事業用宅地等……400平方メートル
② 選択した宅地等が，特定居住用宅地等……330平方メートル
③ 選択した宅地等が，①②以外の特例の対象となる宅地等……200平方メートル

　※　同特例の適用を受けることができる宅地を取得した人が2人以上であるときは，その宅地等を取得した人全員の選択についての同意が必要です。

4 小規模宅地による減額割合

① 特定事業用宅地等である小規模宅地等，特定居住用宅地等である小規模宅地等及び特定同族会社事業用宅地等である小規模宅地等の場合……80％
② ①に該当しない特例対象宅地等である小規模宅地等の場合……50％

5 特例を受けるための手続き

① 相続税の申告書に，この特例を受けようとする旨など所定の事項を記載
② 計算明細書や遺産分割協議書の写しなど一定の書類を添付

SECTION

5-11 納税・延納・物納

相続税の納付方法は，金銭一括納付，延納，物納の3種類があります。
相続税は，その申告期限までに，全額を金銭で一括納付することを原則としていますが，納期限を延長して分割納付する延納制度と相続財産をもって納付する物納制度が認められています。

1 納付方法

相続税は，原則として，その申告期限までに，全額を金銭で一括納付することとされています。

しかし，相続財産の多くが不動産などの場合には納税資金が準備できないケースもあることから，特例として，納期限を延長して分割納付する「延納」と相続財産そのもので納付する「物納」が認められています。

2 延納

相続税を納期限までに一括納付できない場合に，金銭による納付が困難な理由がある等の一定の要件を満たす場合には，納期限を延長して分割納付することができます。

また，延納の適用を受ける場合は，その納付を困難とする金額を限度として，担保を提供し，延納申請書を提出することとなっています。

なお，この延納期間中は利子税がかかります。

3 物納

延納によっても金銭で納付することを困難とする事由がある場合には，納税者が物納申請書を提出することにより，その納付を困難とする金額を限度として一定の相続財産による物納が認められています。

■相続税の納付方法の流れ

```
┌──────────┐
│  相続開始  │
└──────────┘
```
 申告期限までに一括納付

```
┌──────────┐
│ 金銭一括納付 │
└──────────┘
```
 申告期限までに一括納付ができない場合

```
┌──────────┐
│   延 納   │
└──────────┘
```
※ 申告期限までに延納申請手続きが必要です。
　申請しても延納が認められない場合があります。

〈延納の要件〉
① 相続税が10万円を超えること
② 金銭で納付することを困難とする事由があり，かつ，その納付を困難とする金額を限度としていること
③ 国債及び地方債，不動産などの担保を提供すること（延納税額が100万円以下で，かつ，延納期間が3年以下である場合は不要）
④ 相続税の納期限又は納付すべき日までに延納申請書等を提出すること

 延納でも金銭で納付できない場合

```
┌──────────┐
│   物 納   │
└──────────┘
```
※ 申告期限までに物納申請手続きが必要です。
　申請しても物納が認められない場合があります。

〈物納の要件〉
① 延納によっても金銭で納付することを困難とする事由があり，かつ，その納付を困難とする金額を限度としていること
② 物納申請財産は，相続財産のうち日本国内にあるもので，物納順位に従っていること
　第1順位…国債，地方債，不動産，船舶，上場株式等
　第2順位…非上場株式等
　第3順位…動産
③ 物納に充てることができる財産は，管理処分不適格財産（物納が認められない財産）に該当しないものであること及び物納劣後財産（他に適当な価額の財産がない場合のみ物納が認められる財産）に該当する場合には，他に物納に充てるべき適当な財産がないこと
④ 相続税の納期限又は納付すべき日までに物納申請書等を提出し，税務署長の許可を受けること

第5章　相続税法

SECTION

5-12 贈与税の計算

贈与税は，贈与によって財産が移転する機会にその財産に対して課税される税ですが，相続税の補完税としての性質を持っています。

1 贈与税の根拠規定

仮に相続税のみが課されているとすると，生前に財産を贈与することによって，相続税を容易に回避できる点に対処することを目的として贈与税が制定されています。

相続税と贈与税は財産の移動に対して課税することを互いに補うという補完税の関係にあるため，相続税法の中で贈与について規定されています。

2 贈与税の計算

① その年の1月1日から12月31日までの1年間に贈与によりもらった財産の価額を合計します。
② その合計額から基礎控除額110万円を差し引きます。
③ その残りの金額に税率を乗じて控除額を差し引き税額を計算します。

第1段階　課税価格の計算

> 本来の贈与財産 ＋ みなし贈与財産 － 非課税財産 ＝ 課税価格

第2段階　贈与税額の計算

> その年に贈与された財産の課税価格の合計額 － 配偶者控除額 － 基礎控除額（110万円）
> 控除後の課税価格（1,000円未満の端数切捨て）
> × 累進税率 － 外国税額控除 ＝ 納付すべき贈与税額
> （100円未満の端数切捨て）

(財務省HPより)

3 教育資金贈与

　30歳未満の者が，受贈者の直系尊属（祖父母など）から教育資金として贈与された金銭等は，1,000万円までは贈与税が非課税となります。

4 結婚・子育て資金贈与

　直系尊属（贈与者）が，20歳以上50歳未満の子・孫（受贈者）名義の金融機関の口座等に，結婚・妊娠・出産・育児に必要な資金を拠出する際，この資金について，子・孫ごとに1,000万（うち結婚関係は300万円まで）までを非課税とします。

SECTION 5-13 相続時精算課税制度

相続時精算課税制度とは，贈与者が亡くなった時にその贈与財産の贈与時の価額と相続財産の価額とを合計した金額を基に計算した相続税額から，既に納めた贈与税相当額を控除することにより贈与税・相続税を通じた精算を行うものです。

1 相続時精算課税制度の内容

贈与税は，個人から財産の贈与を受けた場合に贈与を受けた人が負担する税ですが，「暦年課税制度」と「相続時精算課税制度」の2つがあります。なお，「相続時精算課税制度」は，一定の要件に該当する場合に選択することができます。

この制度は，贈与時に贈与財産に低い税率で贈与税を課し，その後の相続時に精算されるもので，その贈与財産と相続財産とを合計した価額に計算した相続税額から，既に納めた贈与税額を控除することにより，贈与税と相続税を通じた納税を可能にする制度です。

2 適用対象者と適用対象財産

① 贈与者（財産を贈与した人）

60歳以上の父母・祖父母

② 受贈者（財産の贈与を受けた人）

贈与者の推定相続人である20歳以上の子・孫

適用対象財産については，贈与財産の種類，金額，贈与回数に制限はありません。

3 贈与税額の計算

（相続時精算課税を）

―（選択する）― ―（選択しない）―

相続時精算課税

［贈与税］
(1) 贈与財産の価額から控除する金額　特別控除額2,500万円
なお，前年までに特別控除額を使用した場合には，2,500万円から既に使用した額を控除した金額が特別控除額となります。
(2) 税額
　　特別控除額を超えた部分に対して一律20％の税率で計算します。

（相続時に精算）

［相続税］
　贈与者が亡くなった時の相続税の計算上，相続財産の価額に相続時精算課税を適用した贈与財産の価額（贈与時の価額）を加算して相続税額を計算します。
　その際，既に支払った贈与税相当額を相続税額から控除します。なお，控除しきれない金額は還付を受けることができます。

暦年課税

［贈与税］
(1) 贈与財産の価額から控除する金額　基礎控除額　毎年110万円
(2) 税額
　　課税価格に応じ贈与税の速算表で計算します。

［相続税］
　贈与者が亡くなった時の相続税の計算上，原則として，相続財産の価額に贈与財産の価額を加算する必要はありません。
　ただし，相続又は遺贈により財産を取得した者が，相続開始前3年以内に贈与を受けた財産の価額（贈与時の価格）は加算しなければなりません。

（国税庁HPより）

4 適用手続

　相続時精算課税制度の適用を受けようとする受贈者は，贈与を受けた財産に係る贈与税の申告期間内に贈与税の申告書に「相続時精算課税選択届出書」を添付して，納税地の所轄税務署長に提出します。

　なお，提出された当該届出書は継続して適用されるため，一度相続時精算課税を選択した場合には撤回できず，暦年課税に戻ることはできません。

第5章　相続税法

第6章
地方税法

SECTION 6-1 ふるさと納税

ふるさと納税は,「ふるさと」に貢献したい,「ふるさと」を応援したいという納税者の思いを活かすために,自分の好きな都道府県・市区町村に対する寄附金税制です。

1 ふるさと納税のしくみ

都道府県・市区町村に対する寄附金のうち,2,000円を超える部分について,個人住民税のおおむね20％を上限として,所得税と合わせて全額が控除されます。複数の都道府県・市区町村に対し寄附を行った場合には,その寄附金の合計額となります。

2 ふるさと納税の手続き

寄附金控除を受けるためには,寄附を行った人が,都道府県・市区町村が発行する領収書等を添付して,所得税の確定申告を行う必要があります。

所得税の確定申告を行う場合は,住民税の申告は不要です。所得税の確定申告を行わない場合は,住所地の市区町村に住民税の申告を行います。

3 寄附金控除に関する申告

毎年1月1日〜12月31日までに行った寄附については,翌年3月15日までに最寄りの税務署に所得税の申告を行います。

4 ふるさと納税ワンストップ特例制度

寄附金控除を受けるためには,ふるさと納税をした翌年に,確定申告を行うことが必要ですが,本来確定申告を行う必要がなかった給与所得者等については,ふるさと納税を行う際にあらかじめ申請することで確定申告が不要になる「ふるさと納税ワンストップ特例制度」を適用することができます。

ただし，適用を受けられるのは，ふるさと納税を行う自治体の数が5団体以内である場合に限られます。

ふるさと納税の手続き

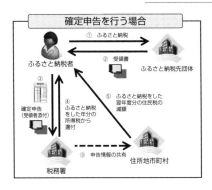
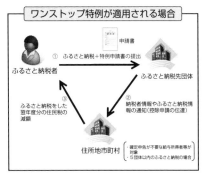

SECTION
6-2 (個人) 住民税

個人の都道府県民税と個人の市町村民税を合わせて(個人)住民税といいます。

1 住民税

① 住民税は，個人が，賦課期日(1月1日)に住所がある都道府県及び市町村から課税されます(東京都特別区に住所がある個人は，東京都民税及び特別区民税)。
② 住民税は，定額で計算される均等割と前年の所得額に応じて計算される所得割の合計で課税されます。

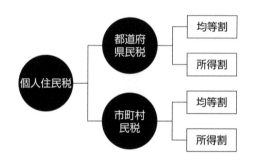

2 個人の都道府県民税

都道府県民税は，均等割と所得割を合計した金額です。
　a．均等割　1,500円(標準税率 ＋ 復興特別所得税)
　b．所得割　4％

3 個人の市町村民税

市町村民税は，均等割と所得割を合計した金額です。
　a．均等割　3,500円(標準税率 ＋ 復興特別所得税)

b．所得割　6％

4 住民税における所得割の計算

```
所得金額 － 所得控除額 ＝ 課税所得金額

課税所得金額 × 税率 － 税額控除 ＝ 所得割額
```

5 住民税の納付

① 住民税は，都道府県民税と市町村民税を合わせて徴収されます。
② 徴収方法には，普通徴収と特別徴収があります。
　a．普通徴収は金融機関等の窓口で原則として6月，8月，10月，翌年1月に納付します。
　b．特別徴収は，給与支払い時に所得税の源泉徴収と同様に給与支払者（特別徴収義務者）が給与から差し引き，市町村に納付します。

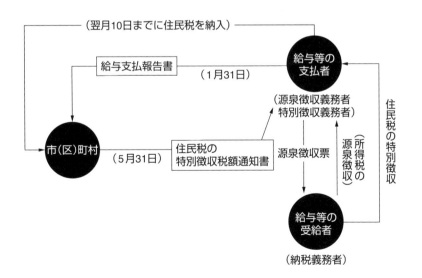

SECTION 6-3 法人住民税・法人事業税

法人の都道府県民税と法人の市町村民税を合わせて（法人）住民税といいます。さらに法人事業税が課せられる場合もあります。

1 法人住民税

　住民税は，住民が所得に応じてそれぞれの都道府県や市町村に納める税金です。この住民とは，個人だけではなく法人も含まれます。通常，法人に課せられる住民税を「法人住民税」といいます。

　法人住民税には都道府県民税と市町村民税があり，大きく「法人税割」，「均等割」，「利子割」の3つから構成されています。

　法人税割とは国に納める法人税額に応じて計算されるもので，均等割とはその法人の規模に応じて課税されるものです。利子割とは法人が受け取る預貯金等の利子に対して源泉徴収されるものです。

　法人住民税は，申告納税方式が採用されていることから，法人税の確定申告と同様に，原則として事業年度終了後2か月以内に申告納付します。

2 法人の都道府県民税

　法人都道府県民税は，均等割と法人税割を合計した金額です。法人税割は，法人税法に基づいて計算した法人税額（課税標準）に税率を乗じます。なお，法人税割がない場合（赤字法人）は，均等割のみを納付します。

3 法人の市町村民税

　法人の市町村民税は，均等割と法人税割を合計した金額です。法人税割は，法人税法に基づいて計算した法人税額（課税標準）に税率を乗じます。なお，法人税割がない場合（赤字法人）は，均等割のみを納付します。

4 法人事業税の対象

法人事業税は，法人を下記の区分に分類し，課税標準を計算します。
資本金1億円以下の普通法人，収益事業を行う公益法人等　→　所得割額
資本金1億円超の普通法人　→　所得割額，付加価値割額，資本割額の合計
電気供給業，ガス供給業，保険業　→　収入割額（収入金額）

5 資本金1億円以下の法人の法人事業税

資本金1億円以下の法人の所得割額は，法人税の算定の基礎となる所得金額と同額です。所得割額は，所得金額を3段階に分けて計算した合計額です。

6 資本金1億円超の法人の法人事業税

資本金1億円超の法人の所得割額は，法人税の算定の基礎となる所得金額と同額です。所得割額は，所得金額を3段階に分けて計算した合計額です。

所得割額に付加価値割額及び資本割額を合計したものが課税標準です。

SECTION 6-4 (個人) 事業税

個人の事業税は，事務所・事業所を設け，事業を営んでいる個人が，その事務所・事業所のある都道府県に対して，行政サービスの受益負担として納める税です。

1 個人事業税の計算

個人事業税は，税務署等に提出された確定申告書に記載された前年の所得金額を基に計算します。

$$\left(\begin{array}{c}\text{事業所得}\\\text{不動産所得}\end{array} + \text{青色申告特別控除} - \text{各種控除額} - \text{事業主控除}\right) \times \text{税率} = \text{税額}$$

① 青色申告特別控除

所得税では，「青色申告特別控除制度」が導入されていますが，個人事業税では適用されません。

② 各種控除額

損失の繰越控除・被災事業用資産の損失の繰越控除・事業用資産の譲渡損失の控除及び繰越控除など

③ 事業主控除

年290万円（1年未満の場合は月数按分）

④ 税率

税率は，事業を3種類に区分し，業種ごとに税率が異なります。

2 個人事業税の納税

個人事業税の申告は，所得税の確定申告書や住民税の申告書に記載されたデータを基に計算されます。それらの申告書を提出することで，事業税の申告は完了しますが，申告書の「事業税に関する事項」の記載が必要となります。

納税については，毎年8月と11月に分けて，普通徴収で納付します。ただし，

納税額が一定額以下の場合は，一度に納付します。

なお，個人事業税には，生活保護法により生活扶助を受けているとき，納税者又は扶養親族が障害者であるとき，医療費に高額な支出があったとき，災害・盗難・横領などの損害を受けたときには，申請により減免される制度があります。

個人事業税の法定業種と税率

第1種事業（37業種）―税率5％
　物品販売業　保険業　金銭貸付業　物品貸付業　不動産貸付業　製造業
　電気供給業　土石採取業　電気通信事業　運送業　運送取扱業
　船舶ていけい場業　倉庫業　駐車場業　請負業　印刷業　出版業　写真業
　席貸業　旅館業　料理店業　飲食店業　周旋業　代理業　仲立業　問屋業
　両替業　公衆浴場業　（第3種事業に該当するものを除く）　演劇興行業
　遊技場業　遊覧所業　商品取引業　不動産売買業　広告業　興信所業
　案内業　冠婚葬祭業

第2種事業（3業種）―税率4％
　畜産業　水産業　薪炭製造業

第3種事業（28業種）―税率5％
　医業　歯科医業　薬剤師業　獣医業　弁護士業　司法書士業　行政書士業
　公証人業　弁理士業　税理士業　公認会計士業　計理士業
　社会保険労務士業　コンサルタント業　設計監督者業　不動産鑑定業
　デザイン業　諸芸師匠業　理容業　美容業　クリーニング業　公衆浴場業
　歯科衛生士業　歯科技工士業　測量士業　土地家屋調査士業
　海事代理士業　印刷製版業

第3種事業（2業種）―税率3％
　あん摩・マッサージ又は指圧・はり・きゅう・柔道整復その他の医業に類する事業　装蹄師業

SECTION 6-5 固定資産税

固定資産税は、1月1日（賦課期日）現在の固定資産（土地、家屋、償却資産）を所有している個人・法人に対し、その固定資産の価格をもとに算定される税額を、その固定資産の所在する市町村が課税します（東京都特別区では、東京都が課税します）。

1 固定資産の種類

固定資産とは、土地、家屋、償却資産を総称したものです。

|土地| 田、畑、宅地、鉱泉地、池沼、山林、牧場、原野、その他の土地

|家屋| 住宅、店舗、工場、倉庫、その他の建物

|償却資産| 構築物、機械、装置、工具、器具、備品、船舶、航空機などの事業用資産で、法人税又は所得税で減価償却の対象となる資産（ただし自動車税、軽自動車税の課税対象となるものは除く）

2 固定資産税の納税義務者

固定資産税を納める人

土　地	土地登記簿又は土地補充課税台帳に所有者として登記又は登録されている人
家　屋	建物登記簿又は家屋補充課税台帳に所有者として登記又は登録されている人
償却資産	償却資産課税台帳に所有者として登録されている人

固定資産税は、毎年1月1日現在に固定資産を所有する人が、年額で納付します。年の途中で売買等による固定資産の所有権移転があっても、納税の義務は1月1日現在に固定資産を所有する人にあります。例えば売買の当事者間の合意において月割按分等の方法で両者が負担することはできますが、納税通知書は1月1日現在の所有者に届きますから、契約の際には注意が必要です。

3 固定資産税の計算

1 計算方法

国が定める固定資産評価基準に基づき固定資産を評価し，これを基に課税標準額を算定し，算定された個々の課税標準額を所有者別に集計して，下記の算式で税額を計算します。

$$\text{固定資産税額} = \text{土地・家屋・償却資産の課税標準額の合計} \times 1.4\%$$

2 土地に対する課税

固定資産評価基準に基づき，地目別に定められた評価方法により評価します。

住宅用地に対する課税標準の特例があり，一定の要件を満たす専用住宅，併用住宅の敷地について，一定面積の課税標準額が軽減されます。

3 家屋に対する課税

固定資産評価基準に基づき，再建築価格を基準に評価します。再建築価格とは，評価の対象となった家屋と同一のものを評価の時点でその場所に新築する場合に必要とされる建築費です。新築住宅の居住部分については，一定の要件の下で，新築から一定の期間，固定資産税額が2分の1に減額されます。

4 償却資産に対する課税

毎年1月31日までに所有者が申告する1月1日現在の償却資産の状況に基づき，評価，価格の決定が行われます。

5 固定資産課税台帳の縦覧

固定資産課税台帳に登録されている価格等は固定資産税の課税の基礎となるため，毎年4月1日から5月31日までの間，関係者は見ることができます。

6 課税されない場合

固定資産の種別（土地・家屋・償却資産）の課税標準額の合計が，土地（30万円），家屋（20万円），償却資産（150万円）の免税点に満たない場合には，原則として固定資産税は課税されません。

4 固定資産税の納税

固定資産税は，納税通知書によって市町村から納税者に対し税額が通知され，通常，5月，7月，9月，11月の4期に分けて納税することになります。

SECTION 6-6 都市計画税

都市計画税とは,都市計画事業や土地区画整理事業に要する費用に充てるための目的税で,市街化区域内にある土地・家屋の所有者に課税されます。

1 都市計画税の納税義務者

毎年1月1日(賦課期日)現在において,市街化区域内に所在する土地・家屋を所有する者が課税されます。

2 課税対象となる資産

都市計画法による都市計画区域のうち,原則として市街化区域内に所在する土地及び家屋です(償却資産は課税の対象にはなりません)。

固定資産税・都市計画税の課税関係

区域		固定資産税	都市計画税
都市計画区域	市街化区域	課税	課税
	市街化調整区域	課税	課税されない
都市計画区域以外		課税	課税されない

3 都市計画税の計算

都市計画税 = 課税標準額 × 標準税率0.3%

課税標準額とは,固定資産課税台帳に登録された金額です。固定資産税が免税点未満のものは,都市計画税はかかりません。

4 都市計画事業と都市計画施設

都市計画事業とは，都市計画施設の整備に関する事業及び市街地開発事業をいいます。都市計画施設には，次の施設があります。

交通施設（道路，都市高速鉄道，駐車場，自動車ターミナル等）

公共空地（公園，緑地，広場，墓園等）

上下水道，電気・ガス供給施設，汚物処理場，ごみ焼却場，その他供給施設又は処理施設等

5 都市計画税の納税

都市計画税は，固定資産税と合わせて納付します。

SECTION 6-7 不動産取得税

不動産取得税は，土地や家屋を購入したり，家屋を建築するなどで不動産を取得した個人・法人に課税される都道府県税です。

1 不動産取得税の納税義務者

不動産取得税は，土地や家屋を有償・無償に関わらず売買，贈与，交換，建築（新築・増築・改築）などにより取得した個人・法人に課税されます。

相続により取得した場合には課税されません。

2 不動産取得税の計算

> 不動産取得税 ＝ 取得した不動産の価格（課税標準額）× 標準税率

※ 平成33年3月31日までに宅地等を取得した場合は，取得した不動産の価格の2分の1を課税標準額とします。

税率は以下のとおりです。

取得日	土地・家屋（住宅）	家屋（非住宅）
平成20年4月1日から平成33年3月31日まで	100分の3	100分の4

3 不動産の価格

■ 不動産の価格

総務大臣が定めた固定資産評価基準により評価・決定された額で，新・増築家屋等を除き原則として固定資産課税台帳に登録されている価格をいいます。不動産の購入価格や建築工事費ではありません。

土地や家屋の贈与により取得した場合も，固定資産課税台帳に登録されてい

る価格となります。

2 不動産取得税

下記の場合は課税されません。

a．取得した土地の価格が10万円未満の場合

b．売買や贈与等により取得した家屋の価格が12万円未満の場合

c．建築した家屋の価格が23万円未満の場合

3 新築の未使用住宅を購入した場合や住宅を建築した場合

新築の未使用住宅（新築された住宅でまだ人の居住の用に供されたことのないもの）を購入した場合や自ら住宅を建築した場合に，その住宅が特例適用住宅に該当するときは，軽減の特例があります。

4 不動産取得税の納税

不動産を取得した日から60日以内にその不動産の所在地を管轄する都道府県に申告します。送付される納税通知書に記載されている納期限までに納めることになります。

家屋を新築・増改築した場合は，調査し，評価額を決定した上で，納税通知書が送付されます。

SECTION 6-8 自動車関係税

① 自動車を所有すると自動車税が，軽自動車を所有すると軽自動車税が課税されます。
② 自動車を取得すると自動車取得税が課税されます。
③ 車検を受けると自動車重量税が課税されます。

1 自動車税のしくみ

❶ 自動車税の原則

　自動車の所有に対して課税される道府県税で，自動車の主たる定置場所在の都道府県において課税されます。
　割賦販売等で売主が自動車の所有権を留保している場合は，買主を自動車の所有者とみなして課税されます。

❷ 自動車税の課税方法

　自動車の種類，用途，排気量などによって年税額（4月～翌年3月の1年間）で定められています。
　自動車の購入・廃車・登録事項の変更などをしたときは，自動車税の申告書を提出することになっています。毎年4月1日現在の所有者に1年分課税され，納税通知書で，5月末日までに納めます。新規登録又は廃車した場合には，月割計算により課税・還付されます。

2 軽自動車税のしくみ

❶ 軽自動車税の原則

　軽自動車等を所有者に対して課税される市町村税です。
　軽自動車税の対象となる車両は，バイク，軽自動車（排気量660cc以下の四輪車），小型特殊自動車などです。

❷ 軽自動車税の課税方法

軽自動車の種類，用途，排気量などによって年税額（4月〜翌年3月の1年間）で定められています。

自動車の購入・廃車・登録事項の変更などをしたときは，自動車税の申告書を提出することになっています。毎年4月1日現在の所有者に1年分課税され，納税通知書で，5月末日までに納めます。4月2日以降に廃車手続きをしても，その年度の税金はかかります。年度途中で廃車手続きをしても税金の払戻しはありません。

3 自動車取得税のしくみ

❶ 自動車取得税の原則

自動車取得税は，自動車（新車・中古車を問わず，軽自動車を含む）を取得した時に課税される都道府県税です。割賦販売契約により購入した場合等で売主が所有権を留保しているときは，買主である使用者が納めることになります。

❷ 自動車取得税の課税方法

自動車取得税は，自動車の登録（届出）の際に申告し，納税することになります。税額の計算方法は次のとおりです。

$$\text{自動車取得税} = \text{取得価額（課税標準額）} \times \text{標準税率}$$

自動車取得税は，2019（平成31）年10月に廃止され，環境性能割が導入されます。

4 自動車重量税のしくみ

自動車重量税は自動車の重量等に応じて課税される国税です。

自動車重量税は原則として，その税額に相当する金額の自動車重量税印紙を自動車重量税納付書にはり付けて納付します。通常は自動車購入時や車検時に納付します。廃車した場合には，月割計算により還付されます。

6-9 ゴルフ場利用税

ゴルフ場利用税は，ゴルフ場の利用者（プレイヤー）に課税される都道府県税です。

1 ゴルフ場利用税の納税義務者

ゴルフ場利用税は，ゴルフ場を利用する者に課税されます。

2 ゴルフ場利用税の税額

ゴルフ場利用税は，利用するゴルフ場の利用料金の額やホールの数によって異なりますが，利用者1人につき1日400円～1,200円です。

3 ゴルフ場利用税の徴収方法

ゴルフ場利用税は，ゴルフ場の経営者が利用者に対して施設利用の料金とともに徴収する特別徴収で行われます。

4 ゴルフ場利用税の非課税

ゴルフ場利用税は，障害者，18歳未満の者，70歳以上の者，国民体育大会参加選手及び一定の学生等〔18歳以上の者で学校教育法第1条に規定する学校の学生，生徒及び引率の教員（保健体育科目の実技又は公認の課外活動の場合に限る）〕については，非課税となります。

《参考》
　平成元年3月末まで，ゴルフ場の利用に対しては，その前身である娯楽施設利用税が課税されていました（ゴルフ場1人1日1,100円）。娯楽施設利用税は，平成元年4月の消費税の導入にともない，課税対象をゴルフ場に限定したゴルフ場利用税に変更されました。娯楽施設利用税については，同税がスケート場，テニスコート，水泳プール，野球場等の利用を課税対象としていないにもかかわらず，ゴルフ場利用に課税されることが，憲法の平等原則に反するかが争点となった最高裁昭和50年2月6日判決が著名

です。高額な消費行為すなわち経済力に担税力の根拠を求める判旨は，現在でも理解できる論理ですが，今日のゴルフ愛好層が，高額所得者に限られていないことは明らかです。

6-10 国民健康保険税

国民健康保険税は，国民健康保険の加入者が負担する市町村税です。

1 国民健康保険とは

　国民健康保険は，加入者（被保険者）が住んでいる市区町村（保険者）が運営をするものと，同業種に従事する者を組合員とする国民健康保険組合が運営する2つの制度があります。

　市区町村が運営する国民健康保険制度は，自営業者，農業や漁業に従事している人，アルバイト・パート・年金受給者などで社会保険に加入していない人などを対象とした医療保険です。

　市区町村によっては，国民健康保険税ではなく国民健康保険料を徴収している地方自治体があります（国保法76）。租税である保険税と公課である保険料では，法形式が異なるため，徴収権の時効や滞納処分の優先順位に異同がありますが，保険制度として加入者には差異はありません。

2 国民健康保険税のしくみ

■1 国民健康保険税の納税義務者

　国民健康保険税は世帯を単位とし，世帯主が納付義務者となります。世帯主が加入していない場合でも，世帯主が納税義務者となりますが，賦課算定の数値には含まれません。

■2 国民健康保険税の計算

　市町村によって税額の算定方法は異なります。原則として，税額は，所得割額，資産割額，被保険者均等割額，世帯平等割額により世帯単位で計算された医療保険分と高齢者支援金の合計額です。これに40歳以上65歳未満の加入者には，介護保険分が加算されます。

区　分	基　準　内　容
所得割	前年の所得に応じて計算
資産割	所有する固定資産に対する固定資産税に応じて計算
被保険者均等割	加入者の人数に応じて計算
世帯平等割	一世帯あたり定額で計算

3 国民健康保険税の徴収方法

　市町村により異なりますが，おおむね毎年6月中旬に加入者に対して，納税通知書（納付書）が送られます。翌年2月まで年間6回（期）に分割して，納付する普通徴収の方式が原則です。

　世帯主が，国民健康保険の加入者で，世帯内の加入者全員が65歳以上75歳未満であり，世帯主の受給年金額が18万円以上である場合には，原則とした年金から天引きする特別徴収による方式が取られます。ただし，年度途中で75歳になる人や介護保険料と国民健康保険税を合わせた額が天引きされる年金額の2分の1以上になる場合等は特別徴収を行いません。

　※75歳以上の加入者は，後期高齢者医療制度の適用となります。

SECTION
6-11 法定外税

地方分権推進のためには，自主財源の確立と増強が必要です。従来から議論されてきた方策は，税源移譲による地方財源の拡充と自主課税権の強化の2つがあります。

地方分権推進のためには，自主財源の確立と増強が必要です。従来から議論されてきた方策には，税源移譲による地方財源の拡充と自主課税権の強化の2つがあります。

1 法定外税の趣旨

法定外税とは，地方税法が定める税目以外の地方税で，地方分権一括法制定に基づく地方税法の改正で法定外普通税と法定外目的税による独自課税できるようになりました。これらの法定外税については，総務大臣の同意を要する協議制が導入されましたが，その趣旨は地方自治体の課税自主権と国の経済政策との調和をはかることにあります。

2 法定外税の現状

法定外目的税の多くは，総務大臣同意の第一号である山梨県富士河口湖町の「遊漁税」のように都道府県税，市町村税を問わず産業廃棄物対策や環境保全を目的とした税が目立ちます。地方自治体の独自課税つまり課税自主権拡大を目指した制度ですが，受益と税負担をセットで考える税制本来の目的に逸脱しているという批判もあります。

すなわち最近の独自課税の多くは，その課税対象として選挙権を持たない法人，いわばよそ者である分割法人や個人であっても地域外からの訪問者（観光客）などに焦点を当てており，租税を徴収しやすい所から徴収するというような課税の原理原則に反するという施策であるからです。

3 主要法定外税

1 法定外普通税

[都道府県]

石油価格調整税	沖縄県
核燃料税	福井県，愛媛県，佐賀県，島根県，静岡県，鹿児島県，宮城県，新潟県，北海道，石川県
核燃料等取扱税	茨城県
核燃料物質等取扱税	青森県

[市町村]

別荘等所有税	熱海市（静岡県）
砂利採取税	山北町（神奈川県）
歴史と文化の環境税	太宰府市（福岡県）
使用済核燃料税	薩摩川内市（鹿児島県），伊方町（愛媛県）
狭小住宅集合住宅税	豊島区（東京都）
空港連絡橋利用税	泉佐野市（大阪府）

2 法定外目的税

[都道府県]

産業廃棄物税等	三重県，鳥取県，岡山県，広島県，青森県，岩手県，秋田県，滋賀県，奈良県，新潟県，山口県，宮城県，京都府，島根県，福岡県，佐賀県，長崎県，大分県，鹿児島県，熊本県，宮崎県，福島県，愛知県，沖縄県，北海道，山形県，愛媛県
宿泊税	東京都，大阪府
乗鞍環境保全税	岐阜県

[市町村]

遊漁税	富士河口湖町（山梨県）
環境未来税	北九州市（福岡県）

使用済核燃料税	柏崎市（新潟県），玄海町（佐賀県）
環境協力税	伊是名村（沖縄県），伊平屋村（沖縄県），渡嘉敷村（沖縄県），座間味村（沖縄県）
開発事業等緑化負担税	箕面市（大阪府）
宿泊税	京都市（京都府）
山砂利採取税	城陽市（京都府）平成 28 年 5 月 31 日失効

6-12 入湯税

入湯税は，鉱泉浴場に入浴する入湯客に課税される市町村税です。

1 入湯税の趣旨

　入湯税は，鉱泉浴場の所在地市町村が，環境，衛生，消防などの公的施設の整備や，観光の振興のために必要な費用として，鉱泉浴場の利用者に応分の負担を求めるために課税します。

2 入湯税の納税義務者

　入湯税は，鉱泉浴場でのすべての入湯行為（入浴）に対して課税されます。鉱泉浴場を備えた施設であれば，旅館，ホテル等の宿泊施設，飲食店など顧客のサービス等のための施設であるかどうかを問わず課税されます。

3 入湯税の税額

　入湯税の税額は，宿泊する場合は1人1泊につき150円，日帰りの場合は1人1回につき50円となります。
　市町村においては，年齢12歳未満の者，共同浴場又は一般公衆浴場に入湯する者，学校教育上の見地から行われる行事に参加する場合において入湯する者，地域住民の健康福祉の増進を図るために市町村が設置した施設において入湯する者などが免除されることがあります。

4 入湯税の徴収方法

　入湯税は，鉱泉浴場の経営者が利用者に対して施設利用の料金とともに徴収する特別徴収で行われます。

第7章
流通課税・税務手続

SECTION
7-1 印紙税

印紙税は、「契約書」「手形」「領収書」など、印紙税の課税文書に対して課される国税です。

1 印紙税の課税文書

　印紙税は、課税文書を作成した人が、定められた金額の収入印紙を文書にはり付け、これに消印して納付します。課税文書の税率は、譲渡契約書、請負契約書、手形、保険証券、領収書など文書の種類、記載内容、表示金額などにより区分され、決められています。

　契約書などの課税文書を、写し、副本、謄本として2通以上作成した場合には、それぞれが課税文書となります。仮領収書も、それが金銭等の受取事実を証明するために作成されたものであれば、後に本領収書が作成されるかどうかに関係なく金銭又は有価証券の受取書に該当し、印紙税が課税されます。

2 過怠税とは

　課税文書の作成者が、その納付すべき印紙税を課税文書の作成の時までに納付しなかった場合には、その納付しなかった印紙税の額とその2倍に相当する金額との合計額、すなわち当初に納付すべき印紙税の額の3倍に相当する過怠税が徴収されることになります。

　「はり付けた」印紙を所定の方法によって消印しなかった場合には、消印されていない印紙の額面に相当する金額の過怠税が徴収されることになります。

3 印紙税額の判断基準

　消費税の課税事業者が消費税額等の課税対象取引にあたって課税文書を作成する場合に、消費税額等が区分記載されているとき又は、税込価格及び税抜価

格が記載されていることにより，その取引にあたって課されるべき消費税額等が明らかとなる場合には，その消費税額等は印紙税の記載金額に含めないこととされています。

なお，この取扱いの適用がある課税文書は，次の3つに限られています。

① 第1号文書（不動産の譲渡等に関する契約書）
② 第2号文書（請負に関する契約書）
③ 第17号文書（金銭又は有価証券の受取書）

印紙税の例

（10万円以下又は10万円以上……10万円は含まれます。
　10万円を超え又は10万円未満……10万円は含まれません。）

番号	文書の種類	印紙税額（1通又は1冊につき）	主な非課税文書
17	1 売上代金に係る金銭又は有価証券の受取書 （注）1 売上代金とは，資産を譲渡することによる対価，資産を使用させること（権利を設定することを含みます）による対価及び役務を提供することによる対価をいい，手付けを含みます。 2 株券等の譲渡代金，保険料，公社債及び預貯金の利子などは売上代金から除かれます。 （例）商品販売代金の受取書，不動産の賃貸料の受取書，請負代金の受取書，広告料の受取書など	記載された受取金額が 100万円以下のもの　　　　　　　　200円 100万円を超え200万円以下のもの　400円 200万円を超え300万円以下　〃　　600円 300万円を超え500万円以下　〃　　1千円 500万円を超え1千万円以下　〃　　2千円 1千万円を超え2千万円以下　〃　　4千円 2千万円を超え3千万円以下　〃　　6千円 3千万円を超え5千万円以下　〃　　1万円 5千万円を超え1億円以下　〃　　　2万円 1億円を超え2億円以下　〃　　　　4万円 2億円を超え3億円以下　〃　　　　6万円 3億円を超え5億円以下　〃　　　　10万円 5億円を超え10億円以下　〃　　　15万円 10億円を超えるもの　　　　　　　20万円 受取金額の記載のないもの　　　　200円	次の受取書は非課税 1 記載された受取金額が5万円未満のもの 2 営業に関しないもの 3 有価証券，預貯金証書など特定の文書に追記した受取書
	2 売上代金以外の金銭又は有価証券の受取書 （例）借入金の受取書，保険金の受取書，損害賠償金の受取書，補償金の受取書，返還金の受取書など	1通につき　　　　　　　　　　　　200円 受取金額の記載のないもの　　　　200円	

※ 2018（平成30）年5月現在

SECTION
7-2 登録免許税

登録免許税は，不動産，船舶，会社，人の資格などについての登記や登録，特許，免許，許可，認可，認定，指定及び技能証明について課税される国税です。

1 登録免許税のしくみ

登録免許税は，登記や登録等を受ける者が課税されます。

登録免許税の税率は，不動産の所有権の移転登記や航空機の登録のように不動産の価額や航空機の重量に一定の税率を乗じることになっているものと商業登記の役員登記のように1件あたりの定額になっているものなどがあります。

2 登録免許税の納税方法

原則として，金融機関等において現金で納付をし，その領収証書を登記等の申請書にはり付けて提出します。

税額が3万円以下の場合には印紙納付をすることができます。また，一定の免許等に係るものについては，免許等を受けた後，1月以内に現金で納付をし，その領収証書を一定の書類にはり付けて提出します。

3 登録免許税の計算

> 登録免許税 ＝ 課税標準額 × 税率

登録免許税の例

不動産の登記

	原則
所有権の保存登記	不動産価額の1,000分の4
相続，法人の合併，共有物の分割による所有権の移転	不動産価額の1,000分の4
質権，抵当権の設定	債権金額等の1,000分の4

※ 土地の売買等に係る登録免許税の特例があります。

会社の商業登記

	原則
株式会社の設立	資本金の額の1,000分の7 （15万円に満たないときは15万円）
株式会社の増資登記	増加資本の額の1,000分の7 （3万円に満たないときは3万円）
本店又は支店の移転	1か所につき3万円
役員に関する事項	1件につき3万円 （資本金の額が1億円以下の会社は1万円）

※ 特定創業支援事業による支援を受けて行う会社の設立登記に対する登録免許税の特例があります。

個人の資格

弁護士・税理士・公認会計士・医師等	1件 60,000円
司法書士・行政書士・薬剤師等	1件 30,000円
保健師・助産師・看護師等	1件 9,000円

マイホーム購入時にかかる税金

かかるもの	税目
所有権保存登記や移転登記など	登録免許税
売買契約書やローン契約書など	印紙税
建物の購入代金や売買手数料など	消費税
住宅を取得したときにかかる	不動産取得税

※ マイホーム購入時にかかる税金は，登録免許税の他にもいろいろあります。

SECTION
7-3 租税条約

租税条約とは，条約を締結した両国が，それぞれの課税権を確保しながら，国際的二重課税を回避し，脱税を防止することを目的として締結する条約をいいます。

1 租税条約の目的

各国は，自国の主権に基づく課税権を持っていることから，外国人や外国企業に対して自由な課税を行うと，海外進出や海外投資に対して，二重課税が行われてしまいます。

そのため，国際課税の分野に一定のルールを設定するために二国間で租税条約の締結を行い，各国の課税権の調整を図っています（国際的二重課税の排除）。

さらに，国家間の情報交換を行うために租税条約の締結により国際取引による脱税を防止する目的も重要となっています。

2 二重課税排除の方法

わが国では，二重課税を排除するために，源泉地国で課税された租税を自国の租税から控除する「外国税額控除方式」を採用しています。

条約の規定 → 日本では国内法に優先する
国内源泉所得の範囲 → 所得税法及び法人税法自体が租税条約の定めを優先する旨の規定

3 相互協議

租税条約の規定に反する課税を受ける恐れがある納税者は，権限ある当局に相互協議の申立てをすることができます。

わが国の租税条約ネットワーク

74条約，128カ国適用／2019年2月1日現在

旧ソ連等との条約が継承されているため，74条約に対し，128カ国適用となっている。

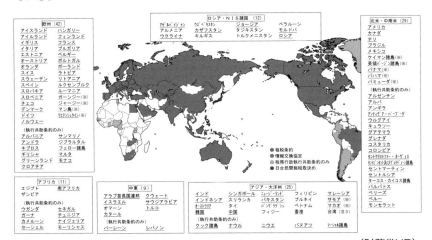

(財務省HP)

《参考》基本的な租税条約交渉の流れ（外務省主管）

条約交渉開始→基本合意→署名→国会承認（衆・外務委員会，参・外交防衛委員会で審査）→公文の交換→発効・交付

※ 署名，国会提出，公文の交換及び交付にあたっては，外務省の閣僚講義により閣議決定を行う。

SECTION
7-4 移転価格税制

　移転価格税制とは,わが国の企業と海外の関連企業との間の取引価格を通常の取引価格と異なる価格に設定して一方の利益を他方に移転させることにより,わが国の法人の所得の金額が減少することとなる場合に,海外の関連企業との取引を通常の取引価格(独立企業間価格)で行ったものとして課税する制度をいいます。

1 移転価格税制の概要

　移転価格税制は,海外関連企業との間の取引を通じた法人所得の海外移転という国際的租税回避の防止を目的とし,昭和61年度税制改正により導入されました。

□ 適用対象取引

　国外関連取引に限ります。

　国外関連取引とは,国外関連者との間で行う資産の販売・購入,役務の提供その他の取引をいいます。

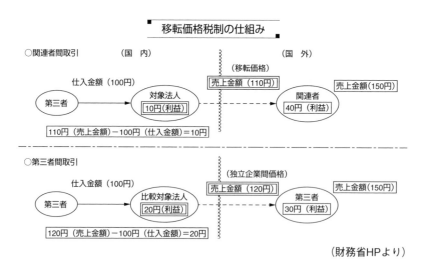

移転価格税制の仕組み

(財務省HPより)

2 適用対象者

　個人は適用対象ではなく，適用対象は法人です。

3 国外関連者

　外国法人で，その法人と「特殊の関係」にある法人をいいます。

2 独立企業間価格の算定方法

基本3法は，以下のとおりです。

① 独立価格比準法

② 再販売価格基準法

③ 原価基準法

その他の方法としては，以下のようなものがあります。

① 取引単位営業利益法

② 利益分割法

　　a．比較利益分割法

　　b．寄与度利益分割法

　　c．残余利益分割法

《参考》移転価格税制に関する事前確認の申出について

> 　国税庁では，事前確認が移転価格税制に関する納税者の皆様の予測可能性を確保し，当該税制の適正・円滑な執行を図るための手続であるということを踏まえ，我が国の課税権の確保に十分配意しつつ，事案の複雑性・重要性に応じたメリハリのある事前確認審査を的確・迅速に行うこととしています。また，事前確認手続における納税者の皆様の利便性向上及び事前確認手続の迅速化を図るために，事前相談時の的確な対応に努めています。

(国税庁HPより)

SECTION
7-5 税務行政組織

　国税の行政組織は，国税に関する調査，企画，法律の立案を担当する財務省主税局を頂点に，国税に関する法律を直接，執行する国税庁によって構成されます。

1 財務省主税局の機能

　財務省主税局は，租税（関税等を除く）に関する制度の調査，企画，法律の立案，租税収入の見積り，予算の調査を行い，税制改正の原案を作成します。

総　務　課　租税に関する政策一般，政府税制調査会の事務局，租税収入の見積り，地方税等に関する事務，広報活動のほか局内の総合調整を担当。

調　査　課　税制がわが国に与える影響に関する検討，経済の情報化・国際化に伴う諸問題の検討，外国税制の調査・研究等を担当。

税制第一課　所得税，相続税など個人を対象とする直接国税に関する制度の企画・立案，国税通則，内国税の徴収，税理士制度などを担当。

税制第二課　消費税，たばこ税，酒税など間接国税に関する制度の企画・立案を担当。

税制第三課　法人を対象とする直接国税である法人税に関する制度の企画・立案を担当。

参事官室　外国との租税条約の締結交渉，国際課税に関する制度の企画・立案などを担当。

2 国税庁の機能

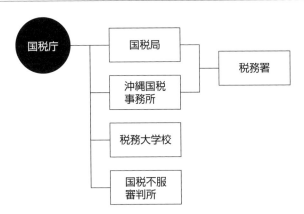

※ 国税局は全国 11 か所（札幌・仙台・関東信越・東京・名古屋・大阪・金沢・広島・高松・福岡），税務署は全国 524 か所あります。

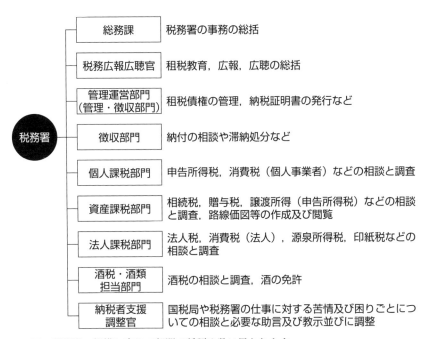

※ 税務署の規模に応じて部門の種類や数は異なります。

SECTION
7-6 地方税務行政組織

地方税に関する税務行政は，都道府県及び市町村が直接，担当しています。

1 地方税に関する国の税務行政組織

地方税制の企画，立案，法定外普通税の新設又は変更に関する事務は，総務省自治税務局が担当しています。

2 地方税に関する地方税務組織

地方税の徴税は，都道府県及び市町村が直接，執行します。

都道府県には，原則として都道府県に税務行政を統括する部署（税務課）がおかれ，実際の課税・徴収は，地域におかれた出先機関（税務事務所等）が担当しています。市町村には，税務課がおかれ直接，市町村税を課税徴収しています。ただし，東京都特別区では，都税事務所と区役所が税務に関わる事務を分担しています。

3 住民税の徴収事務

個人の住民税（道府県民税・市町村民税）は，納税者の利便性を考え，道府県民税と市町村民税は合計し，市町村は道府県の委託を受けて，合わせて徴収しています。

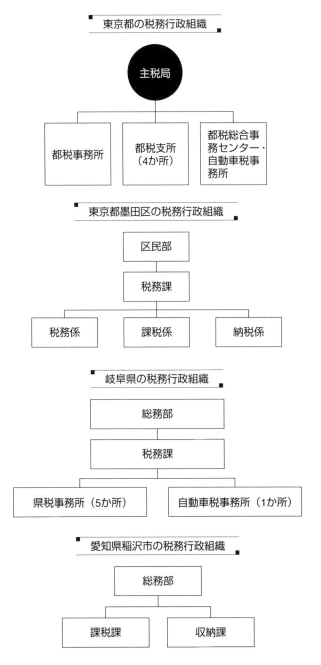

SECTION
7-7 電子申告・納税

国税電子申告・納税システム（e-Tax）は，自宅やオフィスからインターネットで国税に関する諸手続きができます。

1 e-Tax で利用できる手続き

① 所得税，贈与税，法人税，消費税，酒税及び印紙税の申告
② インターネットバンキングや ATM 等を利用した納税
③ 各種申請・届出，納税証明書の電子発行，法定調書の提出

2 e-Tax のしくみ

e-Tax とは，申告などの国税に関する各種の手続きについて，インターネットを利用して電子的に行うシステムです。税理士は納税者の依頼により代理送信することができます。

e-Tax のプロセス

3 電子納税手続

電子納税では，国税の納付手続を自宅やオフィスからインターネット経由などで電子的に行うことができます。従来のように金融機関の窓口まで出向く必要がないため，金融機関の場所や受付時間などの制約がなくなる，というメリットがあります。

① ダイレクト納付による納税手続

② インターネットバンキング等による電子納税

4 eLTAX のしくみ

eLTAX とは，地方税ポータルシステムの呼称で，地方税における手続きを，インターネットを利用して電子的に行うシステムです。エルタックスと読みます。

地方税の申告，申請，納税などの手続きは，それぞれの地方公共団体で行っていただく必要がありましたが，地方公共団体が共同でシステムを運営することにより，電子的な一つの窓口からそれぞれの地方公共団体に手続きできるようになりました。

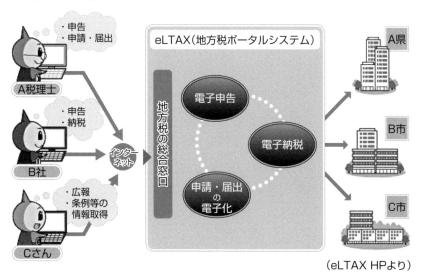

(eLTAX HPより)

5 大法人の電子申告提出義務化

大法人（資本金の額等が1億円を超える法人など）は，2020（平成32）年4月1日以後に開始する事業年度から，法人税・消費税等の納税申告書及び添付書類の e-Tax による提出が義務づけられます。

第8章
参考資料

SECTION
8-1 源泉徴収税額表（抄）

給与所得の源泉徴収税額表（平成31年(2019年)分）

（一）**月 額 表** （平成24年3月31日財務省告示第115号別表第一（平成29年3月31日財務省告示第96号改正））（～166,999円）

その月の社会保険料等控除後の給与等の金額		甲								乙
		扶 養 親 族 等 の 数								
		0人	1人	2人	3人	4人	5人	6人	7人	
以 上	未 満	税　　　　　　　　　　　額								税　額
円 88,000	円 円未満	円 0	円 0	円 0	円 0	円 0	円 0	円 0	円 0	円 その月の社会保険料等控除後の給与等の金額の3.063%に相当する金額
88,000	89,000	130	0	0	0	0	0	0	0	3,200
89,000	90,000	180	0	0	0	0	0	0	0	3,200
90,000	91,000	230	0	0	0	0	0	0	0	3,200
91,000	92,000	290	0	0	0	0	0	0	0	3,200
92,000	93,000	340	0	0	0	0	0	0	0	3,300
93,000	94,000	390	0	0	0	0	0	0	0	3,300
94,000	95,000	440	0	0	0	0	0	0	0	3,300
95,000	96,000	490	0	0	0	0	0	0	0	3,400
96,000	97,000	540	0	0	0	0	0	0	0	3,400
97,000	98,000	590	0	0	0	0	0	0	0	3,500
98,000	99,000	640	0	0	0	0	0	0	0	3,500
99,000	101,000	720	0	0	0	0	0	0	0	3,600
101,000	103,000	830	0	0	0	0	0	0	0	3,600
103,000	105,000	930	0	0	0	0	0	0	0	3,700
105,000	107,000	1,030	0	0	0	0	0	0	0	3,800
107,000	109,000	1,130	0	0	0	0	0	0	0	3,800
109,000	111,000	1,240	0	0	0	0	0	0	0	3,900
111,000	113,000	1,340	0	0	0	0	0	0	0	4,000
113,000	115,000	1,440	0	0	0	0	0	0	0	4,100
115,000	117,000	1,540	0	0	0	0	0	0	0	4,100
117,000	119,000	1,640	0	0	0	0	0	0	0	4,200
119,000	121,000	1,750	120	0	0	0	0	0	0	4,300
121,000	123,000	1,850	220	0	0	0	0	0	0	4,500
123,000	125,000	1,950	330	0	0	0	0	0	0	4,800
125,000	127,000	2,050	430	0	0	0	0	0	0	5,100
127,000	129,000	2,150	530	0	0	0	0	0	0	5,400
129,000	131,000	2,260	630	0	0	0	0	0	0	5,700
131,000	133,000	2,360	740	0	0	0	0	0	0	6,000
133,000	135,000	2,460	840	0	0	0	0	0	0	6,300
135,000	137,000	2,550	930	0	0	0	0	0	0	6,600
137,000	139,000	2,610	990	0	0	0	0	0	0	6,800
139,000	141,000	2,680	1,050	0	0	0	0	0	0	7,100
141,000	143,000	2,740	1,110	0	0	0	0	0	0	7,500
143,000	145,000	2,800	1,170	0	0	0	0	0	0	7,800
145,000	147,000	2,860	1,240	0	0	0	0	0	0	8,100
147,000	149,000	2,920	1,300	0	0	0	0	0	0	8,400
149,000	151,000	2,980	1,360	0	0	0	0	0	0	8,700
151,000	153,000	3,050	1,430	0	0	0	0	0	0	9,000
153,000	155,000	3,120	1,500	0	0	0	0	0	0	9,300
155,000	157,000	3,200	1,570	0	0	0	0	0	0	9,600
157,000	159,000	3,270	1,640	0	0	0	0	0	0	9,900
159,000	161,000	3,340	1,720	100	0	0	0	0	0	10,200
161,000	163,000	3,410	1,790	170	0	0	0	0	0	10,500
163,000	165,000	3,480	1,860	250	0	0	0	0	0	10,800
165,000	167,000	3,550	1,930	320	0	0	0	0	0	11,100

(二) (167,000円～289,999円)

その月の社会保険料等控除後の給与等の金額		甲								乙
		扶養親族等の数								
		0人	1人	2人	3人	4人	5人	6人	7人	
以上	未満	税							額	税額
円	円	円	円	円	円	円	円	円	円	円
167,000	169,000	3,620	2,000	390	0	0	0	0	0	11,400
169,000	171,000	3,700	2,070	460	0	0	0	0	0	11,700
171,000	173,000	3,770	2,140	530	0	0	0	0	0	12,000
173,000	175,000	3,840	2,220	600	0	0	0	0	0	12,400
175,000	177,000	3,910	2,290	670	0	0	0	0	0	12,700
177,000	179,000	3,980	2,360	750	0	0	0	0	0	13,200
179,000	181,000	4,050	2,430	820	0	0	0	0	0	13,900
181,000	183,000	4,120	2,500	890	0	0	0	0	0	14,600
183,000	185,000	4,200	2,570	960	0	0	0	0	0	15,300
185,000	187,000	4,270	2,640	1,030	0	0	0	0	0	16,000
187,000	189,000	4,340	2,720	1,100	0	0	0	0	0	16,700
189,000	191,000	4,410	2,790	1,170	0	0	0	0	0	17,500
191,000	193,000	4,480	2,860	1,250	0	0	0	0	0	18,100
193,000	195,000	4,550	2,930	1,320	0	0	0	0	0	18,800
195,000	197,000	4,630	3,000	1,390	0	0	0	0	0	19,500
197,000	199,000	4,700	3,070	1,460	0	0	0	0	0	20,200
199,000	201,000	4,770	3,140	1,530	0	0	0	0	0	20,900
201,000	203,000	4,840	3,220	1,600	0	0	0	0	0	21,500
203,000	205,000	4,910	3,290	1,670	0	0	0	0	0	22,200
205,000	207,000	4,980	3,360	1,750	130	0	0	0	0	22,700
207,000	209,000	5,050	3,430	1,820	200	0	0	0	0	23,300
209,000	211,000	5,130	3,500	1,890	280	0	0	0	0	23,900
211,000	213,000	5,200	3,570	1,960	350	0	0	0	0	24,400
213,000	215,000	5,270	3,640	2,030	420	0	0	0	0	25,000
215,000	217,000	5,340	3,720	2,100	490	0	0	0	0	25,500
217,000	219,000	5,410	3,790	2,170	560	0	0	0	0	26,100
219,000	221,000	5,480	3,860	2,250	630	0	0	0	0	26,800
221,000	224,000	5,560	3,950	2,340	710	0	0	0	0	27,400
224,000	227,000	5,680	4,060	2,440	830	0	0	0	0	28,400
227,000	230,000	5,780	4,170	2,550	930	0	0	0	0	29,300
230,000	233,000	5,890	4,280	2,650	1,040	0	0	0	0	30,300
233,000	236,000	5,990	4,380	2,770	1,140	0	0	0	0	31,300
236,000	239,000	6,110	4,490	2,870	1,260	0	0	0	0	32,400
239,000	242,000	6,210	4,590	2,980	1,360	0	0	0	0	33,400
242,000	245,000	6,320	4,710	3,080	1,470	0	0	0	0	34,400
245,000	248,000	6,420	4,810	3,200	1,570	0	0	0	0	35,400
248,000	251,000	6,530	4,920	3,300	1,680	0	0	0	0	36,400
251,000	254,000	6,640	5,020	3,410	1,790	170	0	0	0	37,500
254,000	257,000	6,750	5,140	3,510	1,900	290	0	0	0	38,500
257,000	260,000	6,850	5,240	3,620	2,000	390	0	0	0	39,400
260,000	263,000	6,960	5,350	3,730	2,110	500	0	0	0	40,400
263,000	266,000	7,070	5,450	3,840	2,220	600	0	0	0	41,500
266,000	269,000	7,180	5,560	3,940	2,330	710	0	0	0	42,500
269,000	272,000	7,280	5,670	4,050	2,430	820	0	0	0	43,500
272,000	275,000	7,390	5,780	4,160	2,540	930	0	0	0	44,500
275,000	278,000	7,490	5,880	4,270	2,640	1,030	0	0	0	45,500
278,000	281,000	7,610	5,990	4,370	2,760	1,140	0	0	0	46,600
281,000	284,000	7,710	6,100	4,480	2,860	1,250	0	0	0	47,600
284,000	287,000	7,820	6,210	4,580	2,970	1,360	0	0	0	48,600
287,000	290,000	7,920	6,310	4,700	3,070	1,460	0	0	0	49,500

給与所得の源泉徴収税額表（平成31年(2019年)分）

(一) **日 額 表** （平成24年３月31日財務省告示第115号別表第二（平成29年３月31日財務省告示第95号改正））（～6,999円）

その日の社会保険料等控除後の給与等の金額		甲								乙	丙
		扶 養 親 族 等 の 数								税 額	税 額
以 上	未 満	0人	1人	2人	3人	4人	5人	6人	7人		
		税							額		
円	円	円	円	円	円	円	円	円	円	円	円
	2,900 円未満	0	0	0	0	0	0	0	0	その日の社会保険料等控除後の給与等の金額の3.063％に相当する金額	0
2,900	2,950	5	0	0	0	0	0	0	0	100	0
2,950	3,000	5	0	0	0	0	0	0	0	100	0
3,000	3,050	10	0	0	0	0	0	0	0	100	0
3,050	3,100	10	0	0	0	0	0	0	0	110	0
3,100	3,150	15	0	0	0	0	0	0	0	110	0
3,150	3,200	15	0	0	0	0	0	0	0	110	0
3,200	3,250	20	0	0	0	0	0	0	0	110	0
3,250	3,300	20	0	0	0	0	0	0	0	110	0
3,300	3,400	25	0	0	0	0	0	0	0	120	0
3,400	3,500	30	0	0	0	0	0	0	0	120	0
3,500	3,600	35	0	0	0	0	0	0	0	120	0
3,600	3,700	40	0	0	0	0	0	0	0	130	0
3,700	3,800	45	0	0	0	0	0	0	0	130	0
3,800	3,900	50	0	0	0	0	0	0	0	130	0
3,900	4,000	55	0	0	0	0	0	0	0	140	0
4,000	4,100	60	5	0	0	0	0	0	0	140	0
4,100	4,200	65	10	0	0	0	0	0	0	160	0
4,200	4,300	70	15	0	0	0	0	0	0	170	0
4,300	4,400	75	20	0	0	0	0	0	0	190	0
4,400	4,500	80	25	0	0	0	0	0	0	200	0
4,500	4,600	85	30	0	0	0	0	0	0	220	0
4,600	4,700	85	35	0	0	0	0	0	0	230	0
4,700	4,800	90	35	0	0	0	0	0	0	260	0
4,800	4,900	90	40	0	0	0	0	0	0	270	0
4,900	5,000	95	40	0	0	0	0	0	0	280	0
5,000	5,100	100	45	0	0	0	0	0	0	300	0
5,100	5,200	100	50	0	0	0	0	0	0	310	0
5,200	5,300	105	55	0	0	0	0	0	0	330	0
5,300	5,400	110	55	0	5	0	0	0	0	340	0
5,400	5,500	110	60	5	5	0	0	0	0	360	0
5,500	5,600	115	65	10	0	0	0	0	0	370	0
5,600	5,700	120	65	15	0	0	0	0	0	390	0
5,700	5,800	125	70	15	0	0	0	0	0	400	0
5,800	5,900	125	75	20	0	0	0	0	0	420	0
5,900	6,000	130	75	25	0	0	0	0	0	440	0
6,000	6,100	135	80	30	0	0	0	0	0	470	0
6,100	6,200	135	85	30	0	0	0	0	0	510	0
6,200	6,300	140	90	35	0	0	0	0	0	540	0
6,300	6,400	150	90	40	0	0	0	0	0	580	0
6,400	6,500	150	95	40	0	0	0	0	0	610	0
6,500	6,600	155	100	45	0	0	0	0	0	650	0
6,600	6,700	160	100	50	0	0	0	0	0	680	0
6,700	6,800	165	105	50	0	0	0	0	0	710	0
6,800	6,900	165	110	55	5	0	0	0	0	750	0
6,900	7,000	170	110	60	5	0	0	0	0	780	0

(二) (7,000円～11,999円)

その日の社会保険料等控除後の給与等の金額		甲								乙	丙
		扶養親族等の数									
		0人	1人	2人	3人	4人	5人	6人	7人		
以上	未満	税額								税額	税額
円	円	円	円	円	円	円	円	円	円	円	円
7,000	7,100	175	115	65	10	0	0	0	0	810	0
7,100	7,200	175	120	65	15	0	0	0	0	840	0
7,200	7,300	180	125	70	15	0	0	0	0	860	0
7,300	7,400	185	125	75	20	0	0	0	0	890	0
7,400	7,500	185	130	75	25	0	0	0	0	920	0
7,500	7,600	190	135	80	30	0	0	0	0	960	0
7,600	7,700	195	135	85	30	0	0	0	0	990	0
7,700	7,800	200	140	85	35	0	0	0	0	1,020	0
7,800	7,900	200	150	90	40	0	0	0	0	1,060	0
7,900	8,000	205	150	95	40	0	0	0	0	1,090	0
8,000	8,100	210	155	100	45	0	0	0	0	1,120	0
8,100	8,200	210	160	100	50	0	0	0	0	1,150	0
8,200	8,300	215	165	105	50	0	0	0	0	1,190	0
8,300	8,400	220	165	110	55	5	0	0	0	1,230	0
8,400	8,500	220	170	110	60	5	0	0	0	1,260	0
8,500	8,600	225	175	115	65	10	0	0	0	1,300	0
8,600	8,700	230	175	120	65	15	0	0	0	1,330	0
8,700	8,800	235	180	120	70	15	0	0	0	1,360	0
8,800	8,900	235	185	125	75	20	0	0	0	1,400	0
8,900	9,000	240	185	130	75	25	0	0	0	1,430	0
9,000	9,100	245	190	135	80	25	0	0	0	1,460	0
9,100	9,200	245	195	135	85	30	0	0	0	1,490	0
9,200	9,300	250	200	140	85	35	0	0	0	1,530	0
9,300	9,400	255	200	150	90	40	0	0	0	1,560	3
9,400	9,500	255	205	150	95	40	0	0	0	1,590	6
9,500	9,600	260	210	155	100	45	0	0	0	1,630	10
9,600	9,700	265	210	160	100	50	0	0	0	1,660	13
9,700	9,800	270	215	160	105	50	0	0	0	1,690	17
9,800	9,900	270	220	165	110	55	0	0	0	1,730	20
9,900	10,000	275	220	170	110	60	5	0	0	1,750	24
10,000	10,100	280	225	175	115	65	10	0	0	1,770	27
10,100	10,200	290	230	175	120	65	15	0	0	1,800	31
10,200	10,300	300	235	180	125	70	20	0	0	1,820	34
10,300	10,400	305	240	185	125	75	20	0	0	1,840	38
10,400	10,500	315	240	190	130	80	25	0	0	1,860	41
10,500	10,600	320	245	195	135	85	30	0	0	1,880	45
10,600	10,700	330	250	195	140	85	35	0	0	1,900	49
10,700	10,800	340	255	200	150	90	40	0	0	1,930	53
10,800	10,900	345	260	205	150	95	40	0	0	1,960	56
10,900	11,000	355	260	210	155	100	45	0	0	1,990	60
11,000	11,100	360	265	215	160	105	50	0	0	2,020	63
11,100	11,200	370	270	215	165	105	55	0	0	2,040	67
11,200	11,300	380	275	220	170	110	60	5	0	2,080	70
11,300	11,400	385	280	225	170	115	60	10	0	2,110	74
11,400	11,500	400	290	230	175	120	65	15	0	2,140	77
11,500	11,600	405	295	235	180	125	70	15	0	2,180	81
11,600	11,700	415	305	235	185	125	75	20	0	2,220	84
11,700	11,800	425	310	240	190	130	80	25	0	2,250	88
11,800	11,900	430	320	245	190	135	80	30	0	2,290	91
11,900	12,000	440	330	250	195	140	85	35	0	2,320	95

賞与に対する源泉徴収税額の算出率の表（平成31年(2019年)分）

（平成24年3月31日財務省告示第115号別表第三（平成29年3月31日財務省告示第95号改正））

賞与の金額に乗ずべき率	甲							
	扶養親族							
	0 人		1 人		2 人		3 人	
	前月の社会保険料等控							
	以上	未満	以上	未満	以上	未満	以上	未満
％	千円	千円	千円	千円	千円	千円	千円	千円
0.000	68 千円未満		94 千円未満		133 千円未満		171 千円未満	
2.042	68	79	94	243	133	269	171	295
4.084	79	252	243	282	269	312	295	345
6.126	252	300	282	338	312	369	345	398
8.168	300	334	338	365	369	393	398	417
10.210	334	363	365	394	393	420	417	445
12.252	363	395	394	422	420	450	445	477
14.294	395	426	422	455	450	484	477	513
16.336	426	550	455	550	484	550	513	557
18.378	550	647	550	663	550	678	557	693
20.420	647	699	663	720	678	741	693	762
22.462	699	730	720	752	741	774	762	796
24.504	730	764	752	787	774	810	796	833
26.546	764	804	787	826	810	852	833	879
28.588	804	857	826	885	852	914	879	942
30.630	857	926	885	956	914	987	942	1,017
32.672	926	1,321	956	1,346	987	1,370	1,017	1,394
35.735	1,321	1,532	1,346	1,560	1,370	1,589	1,394	1,617
38.798	1,532	2,661	1,560	2,685	1,589	2,708	1,617	2,732
41.861	2,661	3,548	2,685	3,580	2,708	3,611	2,732	3,643
45.945	3,548 千円以上		3,580 千円以上		3,611 千円以上		3,643 千円以上	

(注) この表において「扶養親族等」とは、源泉控除対象配偶者及び控除対象扶養親族をいいます。詳しくは19ページ2「税額表の使い方」をご覧ください。
　　また、「賞与の金額に乗ずべき率」の賞与の金額とは、賞与の金額から控除される社会保険料等の金額がある場合には、その社会保険料等控除後の金額をいいます。

(備考) 賞与の金額に乗ずべき率の求め方は、次のとおりです。
1　「給与所得者の扶養控除等申告書」（以下この表において「扶養控除等申告書」といいます。）の提出があった人（4に該当する場合を除きます。）
　⑴　まず、その人の前月中の給与等（賞与を除きます。以下この表において同じです。）の金額から、その給与等の金額から控除される社会保険料等の金額（以下この表において「前月中の社会保険料等の金額」といいます。）を控除した金額を求めます。
　⑵　次に、扶養控除等申告書により申告された扶養親族等（扶養親族等が国外居住親族である場合には、親族に該当する旨を証する書類が扶養控除等申告書に添付され、又は当該書類が扶養控除等申告書の提出の際に提示された扶養親族等に限ります。）の数と⑴により求めた金額とに応じて甲欄の「前月の社会保険料等控除後の給与等の金額」欄の該当する行を求めます。
　⑶　⑵により求めた行と「賞与の金額に乗ずべき率」欄との交わるところに記載されている率を求めます。これが求める率です。
2　1の場合において、扶養控除等申告書にその人が障害者（特別障害者を含みます。）、寡婦（特別の寡婦を含みます。）、寡夫又は勤労学生に該当する旨の記載があるときは、扶養親族等の数にこれらの一に該当するごとに1人を加算した数を、扶養控除等申告書にその人の同一生計配偶者又は扶養親族のうちに障害者（特別障害者を含みます。）又は同居特別障害者（障害者（特別障害者を含みます。）又は同居特別障害者が国外居住親族である場合には、親族に該当する旨を証する書類が扶養控除等申告書に添付され、又は当該書類が扶養控除等申告書の提出の際に提示された障害者（特別障害者を含みます。）又は同居特別障害者に限ります。）に該当する人がいる旨の記載があるときは、扶養親族等の数にこれらの一に該当するごとに1人を加算した数を、それぞれ扶養親族等の数とします。

扶養親族等の数								乙	
4 人		5 人		6 人		7 人以上		前月の社会保険料等控除後の給与等の金額	
前月の社会保険料等控除後の給与等の金額									
以 上	未 満	以 上	未 満	以 上	未 満	以 上	未 満	以 上	未 満
千円	千円	千円	千円	千円	千円	千円	千円	千円	千円
210 千円未満		243 千円未満		275 千円未満		308 千円未満			
210	300	243	300	275	333	308	372		
300	378	300	406	333	431	372	456		
378	424	406	450	431	476	456	502		
424	444	450	472	476	499	502	527	239 千円未満	
444	470	472	496	499	525	527	553		
470	504	496	531	525	559	553	588		
504	543	531	574	559	602	588	627		
543	591	574	618	602	645	627	671		
591	708	618	723	645	739	671	754		
708	783	723	804	739	825	754	848	239	296
783	818	804	841	825	865	848	890		
818	859	841	885	865	911	890	937		
859	906	885	934	911	961	937	988		
906	970	934	998	961	1,026	988	1,054		
970	1,048	998	1,078	1,026	1,108	1,054	1,139	296	528
1,048	1,419	1,078	1,443	1,108	1,468	1,139	1,492		
1,419	1,645	1,443	1,674	1,468	1,702	1,492	1,730		
1,645	2,756	1,674	2,780	1,702	2,803	1,730	2,827	528	1,135
2,756	3,675	2,780	3,706	2,803	3,738	2,827	3,770		
3,675 千円以上		3,706 千円以上		3,738 千円以上		3,770 千円以上		1,135 千円以上	

3 扶養控除等申告書の提出がない人(「従たる給与についての扶養控除等申告書」の提出があった人を含み、4に該当する場合を除きます。)
(1) その人の前月中の給与等の金額から前月中の社会保険料等の金額を控除した金額を求めます。
(2) (1)により求めた金額に応じて乙欄の「前月の社会保険料等控除後の給与等の金額」欄の該当する行を求めます。
(3) (2)により求めた行と「賞与の金額に乗ずべき率」欄との交わるところに記載されている率を求めます。これが求める率です。

4 前月中の給与等の金額がない場合や前月中の給与等の金額が前月中の社会保険料等の金額以下である場合又はその賞与の金額(その金額から控除される社会保険料等の金額がある場合には、その控除後の金額)が前月中の給与等の金額から前月中の社会保険料等の金額を控除した金額の10倍に相当する金額を超える場合には、この表によらず、平成24年3月31日財務省告示第115号(平成29年3月31日財務省告示第95号改正)第3項第1号イ(2)若しくはロ(2)又は第2号の規定により、月額表を使って税額を計算します。

5 1から4までの場合において、その人の受ける給与等の支給期が月の整数倍の期間ごとと定められているときは、その賞与の支払の直前に支払を受けた若しくは支払を受けるべき給与等の金額又はその金額から控除される社会保険料等の金額をその倍数で除して計算した金額を、それぞれ前月中の給与等の金額又はその金額から控除される社会保険料等の金額とみなします。

SECTION 8-2 所得税の計算のしくみと速算表

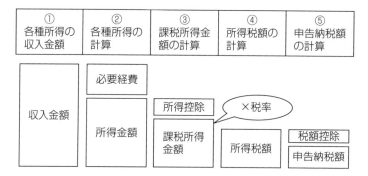

所得税の速算表

課税される所得金額		税率	控除額
195万円以下		5%	0円
195万円超	330万円以下	10%	97,500円
330万円超	695万円以下	20%	427,500円
695万円超	900万円以下	23%	636,000円
900万円超	1,800万円以下	33%	1,536,000円
1,800万円超	4,000万円以下	40%	2,796,000円
4,000万円超		45%	4,796,000円

SECTION 8-3 所得税及び復興特別所得税の確定申告書（第一表）

（国税庁HPより）

SECTION 8-4 年末調整の流れ

　年末調整により「年調年税額」を求め，過不足額の精算を行うための計算の流れです。

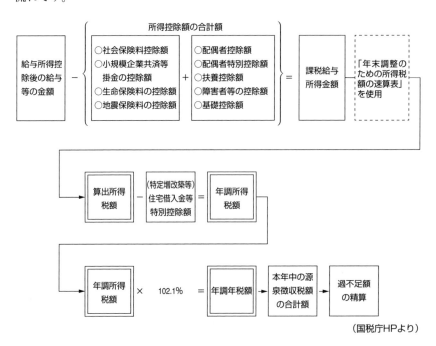

（国税庁HPより）

SECTION 8-5 給与所得の源泉徴収票

SECTION 8-6 法人税の確定申告書 別表1(1)〈法人税額の計算〉

SECTION 8-7 法人税の確定申告書 別表4〈所得の計算〉

所得の金額の計算に関する明細書(簡易様式)

事業年度	・ ・ ・ ・	法人名	

別表四(簡易様式) 平三十・四・一以後終了事業年度分

区分			総額 ①	処分 留保 ②	処分 社外流出 ③	
当期利益又は当期欠損の額		1	円	円	配当	円
					その他	
加算	損金経理をした法人税及び地方法人税(附帯税を除く。)	2				
	損金経理をした道府県民税及び市町村民税	3				
	損金経理をした納税充当金	4				
	損金経理をした附帯税(利子税を除く。)、加算金、延滞金(延納分を除く。)及び過怠税	5			その他	
	減価償却の償却超過額	6				
	役員給与の損金不算入額	7			その他	
	交際費等の損金不算入額	8			その他	
		9				
		10				
	小計	11				
減算	減価償却超過額の当期認容額	12				
	納税充当金から支出した事業税等の金額	13				
	受取配当等の益金不算入額(別表八(一)「13」又は「26」)	14			※	
	外国子会社から受ける剰余金の配当等の益金不算入額(別表八(二)「26」)	15			※	
	受贈益の益金不算入額	16			※	
	適格現物分配に係る益金不算入額	17			※	
	法人税等の中間納付額及び過誤納に係る還付金額	18				
	所得税額等及び欠損金の繰戻しによる還付金額等	19			※	
		20				
	小計	21			外 ※	
仮計 (1)+(11)−(21)		22			外 ※	
関連者等に係る支払利子等の損金不算入額(別表十七(二の二)「25」又は「30」)		23			その他	
超過利子額の損金算入額(別表十七(二の三)「10」)		24	△		※	△
仮計 ((22)から(24)までの計)		25			外 ※	
寄附金の損金不算入額(別表十四(二)「24」又は「40」)		26			その他	
法人税額から控除される所得税額(別表六(一)「6の③」)		29			その他	
税額控除の対象となる外国法人税の額(別表六(二の二)「7」)		30			その他	
外国関係会社等に係る控除対象所得税額等相当額(別表十七(三の十二)「1」)		31			その他	
合計 (25)+(26)+(29)+(30)+(31)		34			外 ※	
契約者配当の益金算入額(別表九(一)「13」)		35				
中間申告における繰戻しによる還付に係る災害損失欠損金額の益金算入額		37			※	
非適格合併又は残余財産の全部分配等による移転資産等の譲渡利益額又は譲渡損失額		38			※	
差引計 (34)+(35)+(37)+(38)		39			外 ※	
欠損金又は災害損失金等の当期控除額(別表七(一)「4の計」+(別表七(二)「9」若しくは「21」又は別表七(三)「10」))		40	△		※	△
総計 (39)+(40)		41			外 ※	
新鉱床探鉱費又は海外新鉱床探鉱費の特別控除額(別表十(三)「43」)		42	△		※	△
残余財産の確定の日の属する事業年度に係る事業税の損金算入額		48	△	△		
所得金額又は欠損金額		49			外 ※	

御注意

1 沖縄の認定法人の課税の特例、国家戦略特別区域における指定法人の課税の特例、組合事業等に係る損失がある場合の課税の特例、対外船舶運航事業を営む法人の日本船舶による収入金額の課税の特例、特定目的会社等又は特定目的信託に係る課税の特例、農業経営基盤強化準備金の課税の特例、農用地等を取得した場合の課税の特例、関西国際空港用地整備準備金の課税の特例、中部国際空港整備準備金の課税の特例及び再投資等準備金の課税の特例の規定の適用を受ける法人にあっては、別様式による別表四を御使用ください。

2 「49」の「①」欄の金額は、「②」欄の金額に「③」欄の本書の金額を加算し、これから「※」の金額を加減算した額と符合することになりますから留意してください。

法 0301−0402

(簡)

SECTION 8-8 消費税の課税対象

消費税の課税対象は,「1. 国内取引」と「2. 輸入取引」に限られ,国外で行われる取引は課税対象にはなりません。

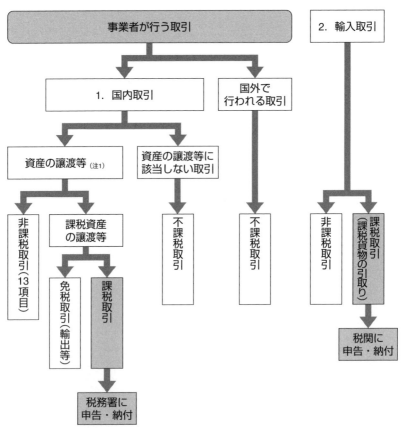

（注1）資産の譲渡とは,事業として対価を得て行われる資産の譲渡及び貸付け並びに役務の提供をいう。

（国税庁HPより）

8-9 消費税の軽減税率

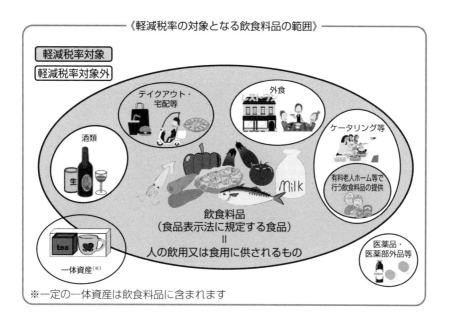

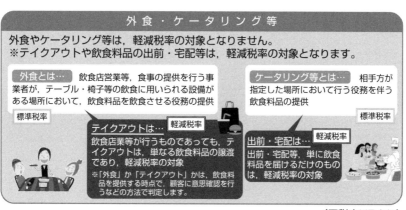

（国税庁HPより）

SECTION 8-10 酒税法における酒類の分類及び定義

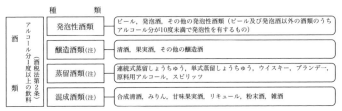

品　目	定　義　の　概　要（酒税法第3条第7号から第23号まで）
清酒	＊米、米こうじ及び水を原料として発酵させてこしたもの（アルコール分が22度未満のもの） ＊米、米こうじ、水及び清酒かすその他政令で定める物品を原料として発酵させてこしたもの（アルコール分が22度未満のもの）
合成清酒	＊アルコール、しょうちゅう又は清酒とぶどう糖その他政令で定める物品を原料として製造した酒類で清酒に類似するもの（アルコール分が16度未満でエキス分が5度以上等のもの）
連続式蒸留しょうちゅう	＊アルコール含有物を連続式蒸留機により蒸留したもの（アルコール分が36度未満のもの）
単式蒸留しょうちゅう	＊アルコール含有物を連続式蒸留機以外の蒸留機により蒸留したもの（アルコール分が45度以下のもの）
みりん	＊米、米こうじにしょうちゅう又はアルコール、その他政令で定める物品を加えてこしたもの（アルコール分が15度未満でエキス分が40度以上等のもの）
ビール	＊麦芽、ホップ及び水を原料として発酵させたもの（アルコール分が20度未満のもの） ＊麦芽、ホップ、水及び麦その他政令で定める物品を原料として発酵させたもの（アルコール分が20度未満のもの）
果実酒	＊果実を原料として発酵させたもの（アルコール分が20度未満のもの） ＊果実に糖類を加えて発酵させたもの（アルコール分が15度未満のもの）
甘味果実酒	＊果実酒に糖類又はブランデー等を混和したもの
ウイスキー	＊発芽させた穀類及び水を原料として糖化させて発酵させたアルコール含有物を蒸留したもの
ブランデー	＊果実若しくは果実及び水を原料として発酵させたアルコール含有物を蒸留したもの
原料用アルコール	＊アルコール含有物を蒸留したもの（アルコール分が45度を超えるもの）
発泡酒	＊麦芽又は麦を原料の一部とした酒類で発泡性を有するもの（アルコール分が20度未満のもの）
その他の醸造酒	＊穀類、糖類等を原料として発酵させたもの（アルコール分が20度未満でエキス分が2度以上等のもの）
スピリッツ	＊上記のいずれにも該当しない酒類でエキス分が2度未満のもの
リキュール	＊酒類と糖類等を原料とした酒類でエキス分が2度以上のもの
粉末酒	＊溶解してアルコール分1度以上の飲料とすることができる粉末状のもの
雑酒	＊上記のいずれにも該当しない酒類

（国税庁HPより）

酒税の税率構造の見直しの全体像

改正前

区　分	税　率 (1kℓ 当たり)	アルコール分 1度当たりの加算額
発泡性酒類（ビール，発泡酒（麦芽比率50％以上）等）	220,000 円	―
発泡酒 25％以上 50％未満	178,125 円	―
発泡酒（麦芽比率 25％未満）	134,250 円	―
その他の発泡性酒類（新ジャンル，チューハイ等）	80,000 円	―
醸造酒類	140,000 円	―
清酒	120,000 円	―
果実酒	80,000 円	―
蒸留酒類	(21度未満) 200,000 円	(21度以上) 10,000 円
ウイスキー，ブランデー，スピリッツ	(38度未満) 370,000 円	(38度以上) 10,000 円
混成酒類	(21度未満) 220,000 円	(21度以上) 11,000 円
合成清酒	100,000 円	―
みりん，雑酒（みりん類似）	20,000 円	―
甘味果実酒，リキュール	(13度未満) 120,000 円	(13度以上) 10,000 円
粉末酒	390,000 円	―

＊低アルコール分の蒸留酒類等に係る特例税率（下限税率）1kℓ当たり 80,000 円，アルコール分9度以上の場合は加算あり

税率構造の見直しの完成後（平成 38 年 10 月）

区　分	税　率 (1kℓ 当たり)	アルコール分 1度当たりの加算額
発泡性酒類（ビール，発泡酒）	155,000 円	―
その他の発泡性酒類（チューハイ等）	100,000 円	―
醸造酒類	100,000 円	―
蒸留酒類	(21度未満) 200,000 円	(21度以上) 10,000 円
ウイスキー，ブランデー，スピリッツ	(38度未満) 370,000 円	(38度以上) 10,000 円
混成酒類	(21度未満) 220,000 円	(21度以上) 10,000 円
合成清酒	100,000 円	―
みりん，雑酒（みりん類似）	20,000 円	―
甘味果実酒，リキュール	(13度未満) 120,000 円	(13度以上) 10,000 円
粉末酒	390,000 円	―

＊低アルコール分の蒸留酒類等に係る特例税率（下限税率）1kℓ当たり 100,000 円，アルコール分11度以上の場合は加算あり

発泡性酒類，醸造酒類及び混成酒類（基本税率）の税率の適用関係（1kℓ 当たり）

区　分	改正前	平成32年10月1日 〜 平成35年9月30日	平成35年10月1日 〜 平成38年9月30日	平成38年10月1日 (改正後の本則税率)
発泡性酒類	220,000 円	200,000 円	181,000 円	155,000 円
発泡酒（アルコール分）	(10度未満)	(10度未満)	(10度未満)	(―)
発芽比率25％以上 50％未満	178,125 円	167,125 円	155,000 円	―
（麦芽比率25％未満）	134,250 円	134,250 円	134,250 円	―
（いわゆる「新ジャンル」）	―	―	134,250 円	―
その他の発泡性酒類				
（アルコール分）	(10度未満)	(10度未満)	(10度未満)	(11度未満)
（いわゆる「新ジャンル」）	80,000 円	108,000 円	―	―
[ホップ及び一定の苦味料を原料としない酒類]	80,000 円	80,000 円	80,000 円	100,000 円
醸造酒類	140,000 円	120,000 円	100,000 円	100,000 円
清酒	120,000 円	110,000 円	―	―
果実酒	80,000 円	90,000 円	―	―
混成酒類（アルコール分21度未満）	220,000 円	200,000 円	200,000 円	200,000 円
［アルコール分1度当たりの加算額］	[11,000 円]	[10,000 円]	[10,000 円]	[10,000 円]

(注) いわゆる「新ジャンル」は，平成35年10月1日から発泡酒に分類されます。

(財務省HPより)

SECTION 8-11 一般会計歳入・歳出決算の概要

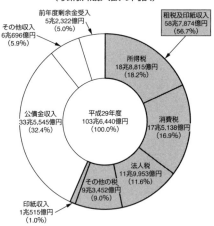

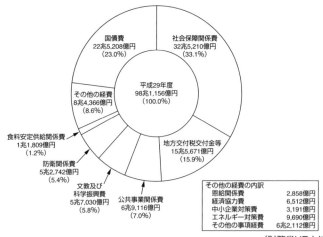

(財務省HPより)

執筆者紹介

林　仲宣（はやし　なかのぶ）
1952 年　愛知県豊橋市出身
1980 年　東洋大学大学院法学研究科公法学専攻修士課程修了
現　在　専修大学大学院法学研究科非常勤講師
　　　　明治学院大学大学院経済学研究科非常勤講師
　　　　税理士（1982 年登録）

竹内　進（たけうち　すすむ）
1961 年　群馬県太田市出身
1988 年　東洋大学大学院法学研究科公法学専攻修士課程修了
現　在　目白大学大学院経営学研究科教授
　　　　東洋大学大学院経営学研究科非常勤講師

四方田　彰（よもだ　あきら）
1969 年　群馬県高崎市出身
2002 年　神奈川大学大学院経済学研究科経済学専攻博士前期課程修了
現　在　税理士（2002 年登録）
　　　　神奈川大学経済学部・同大学院講師

角田　敬子（つのだ　けいこ）
1972 年　東京都杉並区出身
2001 年　専修大学大学院経営学研究科経営学専攻博士前期課程修了
現　在　税理士（2002 年登録）

髙木　良昌（たかぎ　よしまさ）
1983 年　愛知県名古屋市出身
2007 年　専修大学大学院法学研究科法学専攻修士課程修了
現　在　税理士（2014 年登録）
　　　　明治学院大学経済学部非常勤講師

ガイダンス　新税法講義〔四訂版〕

2009年10月20日	初版第1刷発行
2011年 4 月10日	改訂版1刷発行
2015年 3 月 1 日	三訂版1刷発行
2019年 4 月 1 日	四訂版1刷発行
2023年 5 月 1 日	四訂版2刷発行

共著者	林　　仲宣
	竹内　　進
	四方田彰
	角田敬子
	髙木良昌
発行者	大坪克行
発行所	株式会社 税務経理協会
	〒161-0033東京都新宿区下落合1丁目1番3号
	http://www.zeikei.co.jp
	03-6304-0505
印刷所	美研プリンティング株式会社
製本所	牧製本印刷株式会社

本書についての
ご意見・ご感想はコチラ

http://www.zeikei.co.jp/contact/

本書の無断複製は著作権法上の例外を除き禁じられています。複製される場合は，そのつど事前に，出版者著作権管理機構（電話03-5244-5088，FAX03-5244-5089, e-mail: info@jcopy.or.jp）の許諾を得てください。

JCOPY ＜出版者著作権管理機構 委託出版物＞

ISBN 978-4-419-06575-1　C3032

© 林 仲宣・竹内 進・四方田彰・角田敬子・髙木良昌 2019 Printed in Japan